《丝路新风　汉语阅读》编委会

主　　编：徐　芳

副 主 编：厉蓓蓓　马小雷

编写人员：（按照编写的顺序）

徐　芳（新疆医科大学）

厉蓓蓓（新疆医科大学）

李玉琪（新疆医科大学）

张　瑞（新疆医科大学）

董华荣（新疆医科大学）

马小雷（新疆医科大学）

周明辉（新疆医科大学）

茹仙古丽·艾再孜（新疆医科大学）

胡　蓉（昌吉卫生学校）

邬湘涛（昌吉卫生学校）

国家通用语言文字短期强化系列教材

丝路新风

汉语阅读 跨越篇

主　编：徐　芳

副主编：厉蓓蓓　马小雷

编　者：徐　芳　厉蓓蓓　李玉琪
张　瑞　董华荣　马小雷
周明辉　茹仙古丽·艾再孜
胡　蓉　邬湘涛

北京语言大学出版社
BEIJING LANGUAGE AND CULTURE
UNIVERSITY PRESS

图书在版编目（CIP）数据

丝路新风汉语阅读．跨越篇 / 徐芳主编．-- 北京 ：
北京语言大学出版社，2018.1（2018.9 重印）
ISBN 978-7-5619-5143-9

Ⅰ.①丝… Ⅱ.①徐… Ⅲ.①汉语－阅读教学－少数民族教育－水平考试－自学参考资料 Ⅳ.① H194

中国版本图书馆 CIP 数据核字（2017）第 311493 号

丝路新风 汉语阅读 跨越篇

SILU XINFENG HANYU YUEDU KUAYUEPIAN

排版制作：北京创艺涵文化发展有限公司
责任印制：陈 辉

出版发行：北京语言大学出版社
社　　址：北京市海淀区学院路 15 号，100083
网　　址：www.blcup.com
电子信箱：service@blcup.com
电　　话：编辑部　8610-82303390
　　　　　国内发行　8610-82303650/3591/3648
　　　　　海外发行　8610-82303365/3080/3668
　　　　　北语书店　8610-82303653
　　　　　网购咨询　8610-82303908
印　　刷：北京中科印刷有限公司

版　　次：2018 年 1 月第 1 版　　印　　次：2018 年 9 月第 3 次印刷
开　　本：787 毫米 × 1092 毫米　1/16　　印　　张：13.75
字　　数：294 千字
定　　价：34.00 元

PRINTED IN CHINA

编写说明

阅读是现代社会人们获取知识的基本途径，而阅读训练是全面提高语言交际技能的重要手段。阅读材料可以成为“说话”的范本，同样也可以成为“写作”的范本，而且最终使阅读与“写作”“说话”相互补充、相互促进。

一、教材适用对象

本书适合汉语水平为 MHK 二到三级的汉语学习者使用。

二、教材特点

1. 选材新颖。本书围绕近几年来出现的热点话题和问题，例如雾霾、3D 打印技术、二孩政策、遇到老人跌倒应不应该扶以及青年学生喜闻乐见的新鲜题材选取阅读材料，能够有效地激发学生的学习积极性。

2. 注重交际性和实用性。本书语料的题材和体裁力求多样化。语料既有一般性的文章，如通讯报道、故事、幽默笑话、科普短文等，又有实用性的语料，如广告、请假条、通知、启事、影视节目表等，目的是让学习者接触并熟悉生活中可能遇到的各类语料，提高其对实用性语料的阅读能力。

3. 以《中国少数民族汉语水平等级考试大纲》为重要参照，合理控制词汇的难度，有针对性地设计练习的题型。

4. 内容的编排上体现了“阶梯式”和“平台式”的结合，即每课由内容互不联系但属于同一专题的几个小短文组成，每课课文字数从 400 字左右逐渐过渡到 900 字左右，语料的难度也逐渐递增。

三、教材基本结构

本书共 22 课。每课内容可以分为两大板块，第一板块包括 4 篇课文及与之有关的生词和练习，第二板块是 MHK 演练。其中，课文练习的形式为填空、选择、判断、回答问题和口语表达，MHK 演练部分的练习都是 MHK 考试的题型。

四、教材使用建议

1. 本书可供一学期使用，建议 2 学时完成一课。

2. 教师可以根据每课内容的特点，预设问题，学生阅读后回答问题，同时提出阅读中遇到的问题，教师统一作答。

3. 在学生阅读的过程中，教师要掌握好时间，可通过限时阅读训练提高学习者的阅读速度。

4. 重视 MHK 演练的练习。MHK 演练可以根据情况作为课外作业。学生一定要认真完成课外作业，教师在面授时着重检查完成的情况，针对学生出现的问题进行详细的解答。

总之，教材的设计必须要考虑学习者的语言水平、背景知识和对所选材料的兴趣。本书的设计，可以鼓励学习者主动地将已有知识运用于阅读任务中，阅读同一话题的不同文章，复习旧词汇，同时材料又体现了第二语言和第一文化结合的特点，使阅读学习变得更加有趣。

本书在编写过程中得到了很多专家和同行的帮助，在此表示衷心的感谢。也希望各院校专家同行批评指正，使本书更加完善。

编　者

目　录

第1课

大学不仅仅有学习

阅读 1

大学的寒假作业

近日，武汉工程科技学院给新生布置了一项特别的寒假作业：每人带一份账单回家，列出从出生到现在的各项支出。

记者看到，账单项目非常详尽。从“0至3岁”“幼儿园”“小学”直到“大学”，从生活费、交通费、学费到零用钱、娱乐费用等，几乎各个阶段涉及的所有物质费用项目均被列出，甚至妈妈怀孕期间的检查费、生产费以及孩子上小学的择校费等也都涵盖在内。在核算完“养育账单”后，新生们还要完成一份报告，写出自己的感受，并至少做一件回报父母的事。这些作业将成为他们下学期入学后主题班会的材料。

陈晶是该校地质科学与工程学部337名新生的辅导员。她为自己算了一笔“亲情账”。按照账单，从出生到大学毕业，她花了父母约90万元。她说，虽然参加工作半年了，但是她一直没能体会到父母这种无私的付出，总觉得理所当然。“算完这笔账，我哭了。现在很多大学生缺乏对父母的感恩，确实需要好好儿算算父母给了自己什么，虽然物质付出只是其中的一小部分。”陈晶说。(405字)

选自《长江日报》，有改动

1. 怀孕 （动） huái//yùn　　卵子受精后形成活的合子；孕育产生子代的过程。
2. 涵盖 （动） hángài　　包括，包容。
3. 感恩 （动） gǎn’ēn　　感谢别人给予自己的恩惠。

练习

一、选择画线词语的恰当解释

1. 武汉工程科技学院给新生布置了一项<u>特别</u>的寒假作业。（　　）

A. 特殊　　B. 稀奇　　C. 古怪　　D. 特例

2. 记者看到，账单项目非常详尽。（　　）

A. 细致　　B. 仔细　　C. 具体　　D. 详细

3. 几乎各个阶段涉及的所有物质费用项目均被列出。（　　）

A. 联系　　B. 波及　　C. 触及　　D. 关联到，牵涉到

4. 写出自己的感受，并至少做一件回报父母的事。（　　）

A. 答复　　B. 报答　　C. 报告　　D. 报复

二、根据课文内容选出正确答案

1. 下面哪一项不是武汉工程科技学院给新生布置的特别的寒假作业的内容？（　　）

A. 完成一份报告　　B. 开一次主题班会

C. 至少做一件回报父母的事　　D. 计算一下自己从小到大的全部花费

2. 在核算完“养育账单”后，新生们还要完成一份报告，写出自己的感受，并且：（　　）

A. 打工还钱　　B. 开主题班会

C. 帮父母做家务　　D. 做一件回报父母的事

3. 关于陈晶，下面哪一项不正确？（　　）

A. 是一名大学新生　　B. 刚参加工作不久

C. 以前不懂得对父母感恩　　D. 她的“养育账单”大约是 90 万元

4. 现在很多大学生：（　　）

A. 不太关心父母　　B. 跟父母交流太少

C. 不懂得尊敬父母　　D. 缺乏对父母的感恩

三、根据课文内容回答问题

1. 武汉工程科技学院给新生布置的一项特别的寒假作业是什么？

2. 按照账单，陈晶从出生到大学毕业花费了多少钱？对此她有什么感想？

四、自由谈

在我们的成长过程中，父母为我们付出了很多。在你的印象中，最让你难忘的是哪件事？请谈一谈。

阅读 2

大学学什么

如果你不希望成为一台应试机器，那么在大学期间，你必须具备学习和思考的能力。可是，如何真正学会学习和思考呢？

第一种也是最重要的一种能力，是自学的能力。进入大学后，老师只能充当引路人，学生必须积极主动地探索、学习和实践。大学四年要学会从一个被填充知识的人，变为自学知识的人。要想真正学到、学懂，你必须学会问“为什么”。

第二种能力是从理论到实践的能力。不要只知道公式和理论，更重要的是要知道在实际工作中如何运用。很多人进入社会才知道，以前学的知识，可能都不是你的老板要求你掌握的知识。有人说，其实在大学里能学到的真正有用的知识，只是一生中要用到的 5% 而已。所以，更重要的是要知道如何学以致用。这需要在学习时多问一个问题——“有什么用”。

第三种能力是批判式思维的能力。每一件事情，都有多方看法，不是只有一个非黑即白的答案。不同的人有不同的意见，每个意见都值得了解和珍惜。不要被教条束缚，要学会用不同的观点来看问题。不但要学会问“为什么”，还要学会问“为什么不”。为什么一定是这样，为什么不可能是那样？这会让你更深入地了解问题的本质。（458 字）

选自新浪博客[①]，有改动

1. 填充　（动）　tiánchōng　填补。
2. 非黑即白　fēi hēi jí bái　不是黑的就是白的。强调只有一个结果或结论。
3. 束缚　（动）　shùfù　使受到约束限制。

练习

一、选择画线词语的恰当解释

1. 如果你不希望成为一台应试机器，……　（　　）
   A. 应对考试的　B. 参加考试的　C. 应对面试的　D. 参加面试的
2. 学生必须积极主动地探索、学习和实践。　（　　）
   A. 搜索　B. 仔细寻找　C. 努力思考　D. 多方寻求答案
3. 以前学的知识，可能都不是你的老板要求你掌握的知识。　（　　）
   A. 主持　B. 把控　C. 控制　D. 熟知并能运用
4. 更重要的是要知道如何学以致用。　（　　）
   A. 一本正经地学习　B. 学了就会有用处
   C. 学习以后就知道怎么应用　D. 把学到的知识用到实际中

① 博客：英文名为 blog。也叫网络日志，是在互联网上发表的文章、图片等。

二、根据课文内容判断正误

1. 第二种能力是自学的能力，是最重要的一种能力。 (　　)
2. 把公式和理论记熟就行了，不一定要知道在实际工作中如何运用。 (　　)
3. 第三种能力是批判式思维的能力。 (　　)
4. 不同的人有不同的意见，不是每个意见都值得了解和珍惜。 (　　)

三、根据课文内容回答问题

1. 简要回答如何真正具备学习和思考的能力。
2. 为什么要学会问“为什么不”？

四、自由谈

你是如何学习汉语的？请谈谈你的学习方法。

阅读 3

暑期实践的收获

“读万卷书，行万里路”。如今的大学生已经不仅仅满足于课堂知识，他们利用假期，或走向偏远山区，或走进街头小巷，参加各种社会实践，调研社会，锻炼自己，收获属于自己的青春故事。

暑期，山东工商学院的 30 名大学生志愿者来到菏泽支教。志愿者们分成两队，分别在菏泽朱桥小学和马岭岗小学支教。虽然农村生活艰苦，但是孩子们的热情和家长的期许让每一位志愿者深受感动，这些“90 后”大学生们在这里度过了一个不平凡的暑假。

7 月 8 日，菏泽马岭岗小学和朱桥小学第一次迎来了大学生志愿者。第一次学唱英文歌，第一次玩儿羽毛球，第一次弹电子琴，第一次用废纸叠帽子……因为这些大学生的到来，这里的留守儿童有了许多未曾有过的美好体验。

“以前我们的体育课都是跑步，特别闷。现在我们都期待上体育课，因为可以学自己喜欢的运动了。”14 岁的菏泽女孩儿朱慧丹高兴地笑着说。这次支教，志愿者们把大学自由选课的上课模式带到了小学。孩子们可以根据兴趣选择武术、舞蹈、篮球、足球……

通过这次支教，志愿者们都深刻体验到乡村生活的不易，深深领悟到“有些事情时间虽然不长，但回忆却是一辈子的”。正如志愿者高岗在支教日记中写的一

样，支教是苦的，回忆却是甜的。这次支教活动，给小学生们带来新知识的同时，也让志愿者们成长了许多。（527 字）

选自水母网，有改动

1. 支教（动）zhījiào　指支援边远落后地区的教育事业，特指在一段时间里去那里当教师。
2. 难民（名）nànmín　指遭到自然灾害或人为灾祸而生活无着落、流离失所的人。
3. 叠　（动）dié　把物体的一部分翻转和另一部分紧挨在一起。

练习

一、选择画线词语的恰当解释

1. “读万卷书，行万里路”。（　　）
   A. 多读书，多走路　　B. 读书有益身体
   C. 读万本书，走万里路　　D. 书要读得多，实践要丰富
2. 他们利用假期，或走向偏远山区，或走进街头小巷，参加各种社会实践。（　　）
   A. 不热闹　　B. 距离远　　C. 离城市远　　D. 偏僻而遥远
3. 调研社会，锻炼自己，收获属于自己的青春故事。（　　）
   A. 调查研究　　B. 调查情况　　C. 研究问题　　D. 检查工作
4. 孩子们的热情和家长的期许让每一位志愿者深受感动。（　　）
   A. 愿望　　B. 期望　　C. 盼望　　D. 希望

二、根据课文内容判断正误

1. 暑期，山东工商学院的 30 名教师和大学生志愿者来到菏泽支教。（　　）
2. 志愿者们分成两队，分别在菏泽朱桥小学和马岭岗小学支教。（　　）
3. 这些“00 后”大学生们在这里度过了一个不平凡的暑假。（　　）
4. 以前这些孩子们的体育课都是跑步，很没意思。（　　）
5. 正如志愿者高岗在支教日记中写的一样，支教是甜的，回忆却是苦的。（　　）

三、根据课文内容回答问题

1. 山东工商学院的这些大学生利用假期做了哪些事？
2. 通过这次支教，志愿者们都深刻体验到了什么？

四、自由谈

你觉得大学生参加支教、下乡活动对大学生有什么好处？请谈谈你的看法。

阅读 4

暑假抢座也“疯狂”

开学期间图书馆占位难是众所周知的事情，可是暑假期间想在图书馆占据“一席之地”也绝不是件容易的事情。近日，记者早上 6 点多来到淮北师范大学图书馆，发现暑假期间图书馆依旧有很多学生前来自习，大家围成一团等待图书馆管理员开门。据了解，这些学生基本上是大三留校备战考研和考公务员的。

“二楼自修室开通空调的第一个早上就发生了因抢位导致一学生轻微擦伤的情况。获知这种情况我们很痛惜，保证图书馆正常秩序及各位同学的人身安全是我们工作的底线。”淮师大图书馆办公室在 7 月 21 日贴出通告。据了解，这是淮师大第一次在暑假期间全天开放图书馆自修室供学生自习。但由于只开放了南楼二楼的一个自修室，资源紧张，竞争显而易见。对此，记者随机采访了几个正在等待开门的学生。“有个男生四点多就来了，带个垫子在图书馆门口睡一会儿，睡到五点多就等着管理员开门。”一位体育学院留校考研的学生徐康康说。六点四十图书馆北门开放，大家一拥而上，也顾不得你谦我让了，还有数名男生因为没有抢到座位又从自习室返回。

图书馆副馆长康健强介绍，抢占座位的情况自图书馆建立以来一直都存在，门玻璃都被挤坏六块了。

据了解，不论是上课还是备考期间，学生们都钟爱图书馆，尽管人多拥挤，但还是愿意来图书馆看书。康健强解释，图书馆座位安排合理，有利于学生们互相监督学习，而且暑假期间启用空调，环境较其他教室更显优越。同学们也纷纷表示，图书馆学习氛围好，可以用一整天，别的楼的教室可能中途有课，很不方便，而且教室本身就紧缺。

康健强表示，针对暑假期间考研学生越来越多的情况，图书馆特意申请了一个专门的自修室。随着新校区的扩容，预计新学期后，图书馆抢座占位情况基本不会出现。（694 字）

选自《淮北晨报》，有改动

1. 公务员 （名） gōngwùyuán 政府机关的工作人员。
2. 谦让 （动） qiānràng 谦虚地不肯担任，不肯接受或不肯占先。
3. 优越 （形） yōuyuè 优胜，优良。

练习

一、选择画线词语的恰当解释

1. 开学期间图书馆占位难是众所周知的事情。（　　）

A. 都不知道　　B. 没有人知道　　C. 全都知道　　D. 大家普遍知道

2. 暑假期间想在图书馆占据"一席之地"也绝不是件容易的事情。（　　）

A. 有地位　　B. 一个位置　　C. 放一个席子　　D. 应有的一个位置

3. 保证图书馆正常秩序及各位同学的人身安全是我们工作的底线。（　　）

A. 最低的限度　　B. 最后一条线　　C. 一定的界限　　D. 最后的方法

4. 由于只开放了南楼二楼的一个自修室，资源紧张，竞争显而易见。（　　）

A. 很方便　　B. 很容易　　C. 很简单　　D. 很明显

5. 记者随机采访了几个正在等待开门的学生。（　　）

A. 顺便　　B. 随便　　C. 自由组合　　D. 随意，不设条件

6. 不论是上课还是备考期间，学生们都钟爱图书馆。（　　）

A. 按时去　　B. 喜欢去　　C. 常常去　　D. 特别喜爱

二、根据课文内容判断正误

1. 据了解，这些去图书馆学习的学生基本上是大三留校备战考研和考公务员的。（　　）

2. 淮师大每年暑假期间全天开放图书馆自修室供学生自习。（　　）

3. 图书馆副馆长康健强介绍，抢占座位的情况近几年开始出现。（　　）

4. 图书馆座位安排合理，有利于学生们互相监督学习，而且暑假期间启用空调，环境较其他教室更显优越。（　　）

三、根据课文内容回答问题

1. 尽管人多拥挤，但学生还是愿意去图书馆看书，为什么？

2. 针对该学校图书馆抢座占位问题，学校是如何解决的？

MHK 三级演练

1–10 题，每段文字后有一个或几个问题，每个问题都有 ABCD 四个答案，请阅读后根据每题要求选择唯一正确的答案。

1

新疆正以崭新的面貌引起世人关注：经济社会跨越发展，生产总值年年迈上新台阶，民生建设大步向前。

【1】句中画线词语拼音正确的一项是：（　　）

A. 崭新（zhǎnxīn） B. 关注（guānzù）
C. 跨越（kuàyüè） D. 台阶（táijēi）

2

除了果仁是红色的花生，你见过黑色、紫色、白色、红白色等色彩奇特的花生吗？

首次参展的山东平度市花生协会会长杨俊波带来了七彩花生。有花生果仁皮色如白玉的白玉花生、黑红花纹的四粒彩花生、红白皮花冠花生，还有黑紫色的黑花生。

据了解，七彩花生是从台湾引进的，除高产、稳产、抗病外，更是集营养、保健、延年益寿于一体。

【2】下面哪一项最适合做这段话的标题？（　　）

A. 优质花生 B. 七彩花生 C. 来自台湾的花生 D. 色彩奇特的花生

3–5

如今，在新疆大地上，处处可以看到＿3＿的笑容，处处涌动着积极向上的能量，广大群众对党中央充满了感恩之情。这些年，身为一名来自基层的驻疆全国政协委员，代依米克·地瓦那从未离开过自己热爱的畜牧兽医岗位。他亲眼看到，这些年来新疆农牧民的收入越来越高，医疗卫生、教育等条件越来越好，安居富民房越来越漂亮。他也能经常感受到当地群众的感恩之情。每年代依米克·地瓦那委员来参加全国两会时，总有人嘱咐他，要把家乡这些年的发展变化告诉更多人，让更多人了解新疆。他的爱人每年都要亲手织一条有塔吉克族特色的领带，让他系着这条领带去参加全国两会，表达她对祖国的感恩之情。全国人大代表吾守尔·斯拉木说："现在，越来越多的新疆人，正将对党中央的感恩之情化为具体行动，用满腔的热情建设新疆，用真诚的诗句歌颂新疆，用实际行动宣传新疆，建设新疆。"

【3】文中＿3＿处应该填写的词语是：（　　）

A. 开心 B. 灿烂 C. 高兴 D. 愉快

【4】根据这段话，可以知道新疆人民：（　　）

A. 用真诚的诗句歌颂新疆 B. 用满腔的热情建设新疆
C. 对党中央充满了感恩之情 D. 用实际行动宣传新疆，建设新疆

【5】这段话主要介绍的是：（　　）

A. 新疆人民的善良 B. 新疆人民的智慧
C. 新疆人民的热情好客 D. 新疆人民对党中央的感恩之情

6–7

长江经济带发展当中，涉及地方政府，比如说工业布局、沿江生活污水的排放等等，那是属于另外一个范畴（6），在这里我们不做讨论。单就交通方面来说，我们交通运输部已经制订了珠三角、长三角、环渤海、京津冀水域船舶排放控制区的实施方案，并且于今年的元月 1 号开始实施，主要的目的就是通过控制在排放控制区内船舶硫氧化物、氮氧化物和颗粒物的排放，

来__7__船舶的节能减排工作，改善我国沿海和沿河区域，特别是港口城市的环境空气质量。

【6】根据文意，可以替换“范畴”的词语是：（　　）

A. 范围　　B. 类型　　C. 筹谋　　D. 计划

【7】文中__7__处应该填写的词语是：（　　）

A. 控制　　B. 推进　　C. 推迟　　D. 改进

8–10

浣熊主要__8__在北美地区。杂食性，既吃昆虫、鸟蛋，也吃水果和坚果。它觅食主要依靠灵敏的嗅觉和灵活的前爪（爪上有丰富的感觉细胞），__9__到食物后，先去水里洗去泥土、污垢再吃，就像人们在河边浣洗蔬果一样，所以叫它“浣熊”。随着人类活动范围的扩大，浣熊的栖息地逐渐减少，它们冒险进入城市，翻垃圾找食物，更有大胆者“昼伏夜出”，打开人类住宅或家禽围栏的大门，溜进去偷吃，因此落下个“城市小偷”的恶名。

小熊猫主要分布在我国西南部和南亚地区。它很挑食，喜欢吃竹笋、嫩枝和竹叶，听觉、视觉不发达，嗅觉不特别灵敏，所以觅食能力远没有浣熊强。过去 50 年，随着竹林大规模被砍伐以及人类大肆狩猎，小熊猫数量锐减，现在我国境内的小熊猫只有大约 6000 ～ 7000 只（国家二级保护动物），因此在野外很难见到。

【8】文中__8__处应该填写的词语是：（　　）

A. 分散　　B. 分布　　C. 分开　　D. 布置

【9】文中__9__处应该填写的词语是：（　　）

A. 探索　　B. 搜索　　C. 研究　　D. 摸索

【10】根据文意，下面哪一项是正确的？（　　）

A. 浣熊素有“城市小偷”的恶名

B. 小熊猫只吃竹笋、嫩枝和竹叶

C. 浣熊吃东西前先去水里洗去泥土、污垢再吃

D. 因为栖息地逐渐减少，所以浣熊的数量锐减

第2课

大学里的新鲜事

阅读1

多姿多彩的课余生活

不少师兄师姐提醒新生，追求多姿多彩的大学课余生活的同时，不能沉迷于娱乐活动而迷失自我。

“男生喜欢玩儿游戏无可厚非，但过度投入就会影响学习和生活。”满心辉说，“为了玩儿游戏逃课，游戏世界中拿多少第一，都不能代替现实中学习知识。”

“水满则溢，凡事一定要有度。”上海交通大学毕业生刘思杨说，“新生们一定要以现实生活为中心，不要将虚拟世界太当真，要牢记大学生的职责，不要玩儿游戏做白日梦。”

男生不应虚度时光，女生则不该浪费钱财。南昌大学大三学生魏迪建议，师妹们应合理控制逛街次数。“女生爱逛街是天性，看到喜欢的东西，不管有用没用总忍不住‘出手’。我们能做的就是控制逛街频率。”

“逛街可以多找几个小伙伴，大家彼此提个醒，更多人帮你把关，能避免盲目购物。”张玉阁说，“淘宝也一样，给自己几天时间冷静一下，再决定是否购买。多听同学、朋友的建议，看看商品是不是适合自己。”（377字）

选自新华网，有改动

1. 迷失　（动）　míshī　弄不清（方向）。
2. 虚拟　（动）　xūnǐ　虚构。
3. 天性　（名）　tiānxìng　指人先天具有的品质或性情。

练习

一、选择画线词语的恰当解释

1. 追求多姿多彩的大学课余生活的同时，不能沉迷于娱乐活动而迷失自我。　（　）

A. 陶醉　B. 迷惑　C. 入迷　D. 深深地迷恋

2. 男生喜欢玩儿游戏无可厚非。（　）

A. 无可奈何　B. 无所畏惧　C. 无可非议　D. 无话可说

3. 水满则溢，凡事一定要有度。（　）

A. 过分　B. 流出　C. 充分　D. 减少

4. 男生不应虚度时光，女生则不该浪费钱财。（　）

A. 虚拟度过　B. 过度消费　C. 慢慢度过　D. 白白度过

5. 大家彼此提个醒，更多人帮你把关，能避免盲目购物。（　）

A. 不清楚　B. 看不见　C. 不明白　D. 考虑不慎重

二、根据课文内容选出正确答案

1. 不少师兄师姐提醒新生，追求多姿多彩的大学课余生活的同时，不能：（　）

A. 只学习　B. 外出打工

C. 不参加社会实践　D. 沉迷于娱乐活动

2. 男生做什么会影响学习和生活？（　）

A. 过度旅游　B. 过度逃课　C. 过度学习　D. 过度玩儿游戏

3. 大学新生们要以什么为中心？（　）

A. 专业学习　B. 现实生活　C. 将来就业　D. 虚拟世界

4. 南昌大学大三学生魏迪建议，师妹们应合理控制：（　）

A. 游戏时间　B. 逛街次数　C. 逃课次数　D. 娱乐支出

三、根据课文内容回答问题

1. “水满则溢，凡事一定要有度。”这句话你是怎么理解的？

2. 追求多姿多彩的大学课余生活，男生和女生应该怎么做？

四、自由谈

你是怎么度过大学课余生活或自己的业余生活的？请谈谈。

阅读 2

大学出现“代理一族”

帮忙送夜宵、购物、洗衣、修电脑……上海高校学生中出现“代理一族”，全面代理同学日常生活中的“吃穿住用行”。近日，笔者从上海高校了解到，随着校园“学生代理”的出现，大学生的生活变得轻松惬意，足不出户便可享受全方位服务，同时也滋生了依赖心理。

笔者从上海交大校园网上了解到，“学生代理”们以校园BBS为平台，自发组成了“水源有偿服务社”联盟。联盟里将服务项目细分为学习资料、食用营养品、日常化妆品、衣帽鞋袜、电子产品等十来个类别，每种类别都由专人负责代理。为了得到同学们的认同，扩大自己的生意，各代理还大打“同学牌”“校友牌”，有的甚至还公布了自己的学号和地址作为诚信证明。只要向相关代理人打声招呼，所要的东西就会在最短时间内送上门。

在杨浦区几所高校中，“学生代理”对学生的关怀可谓无微不至。肚子饿了给某某同学发个消息，一碗热气腾腾的粉丝汤就会在半小时内送到你面前；天冷懒得出门，打开电脑在相关网页上下个订单，便会有专人将你要买的物品送上门来；需要历年考研相关参考资料，打个电话也会在一两天内收到……你要做的只是接过东西，并支付从几角到十几元价格不等的服务费用即可。(479字)

选自新华网，有改动

1. 代理 （动） dàilǐ 受当事人委托，代表他进行某种活动。
2. 联盟 （名） liánméng 指个人、集体或阶级的联合体。
3. 认同 （动） rèntóng 承认，认可。

练习

一、选择画线词语的恰当解释

1. 帮忙送夜宵、购物、洗衣、修电脑……上海高校学生中出现“代理一族”。 （ ）
   A. 打工挣钱 B. 自己创业
   C. 合伙做生意 D. 受委托代表别人进行活动
2. 大学生的生活变得轻松惬意。 （ ）
   A. 方便 B. 舒服 C. 舒展 D. 舒畅
3. 足不出户便可享受全方位服务，同时也滋生了依赖心理。 （ ）
   A. 繁衍 B. 生育 C. 繁殖 D. 产生
4. 在杨浦区几所高校中，“学生代理”对学生的关怀可谓无微不至。 （ ）
   A. 沉默不语 B. 战战兢兢 C. 体贴入微 D. 感同身受

二、根据课文内容判断正误

1. “代理一族”全面代理同学日常生活中的“吃穿住用行”。 （ ）
2. 学生代理们以网络为平台，自发组成了“水源有偿服务社”联盟。 （ ）
3. 只要向相关代理人打个电话，所要的东西就会在最短时间内送上门。 （ ）
4. 使用代理服务的学生要做的只是接过东西，并支付相应的服务费用即可。 （ ）

三、根据课文内容回答问题

1. 联盟里将服务项目细分为哪些类型？
2. 代理人如何证明自己的诚信？

四、自由谈

你认为“代理一族”的出现给大学生活带来了哪些利与弊？请谈谈你的想法。

阅读 3

大学恋爱新趋势

大学恋爱已经快餐化，本应不温不火慢慢培养的感情被程序化标准化地加工一下就端上了桌面。做得快，吃得快，散得也快。

昨天，来自南京理工大学的一项“恋爱调查”也证明了这一点。该项调查在随机抽取的大一至大四的 100 名大学生中进行。调查中，当被问及“大学生应该出于何种目的谈恋爱？”时，45% 的学生选择“丰富业余生活”，30% 的学生选择“摆脱孤独和寂寞”，15% 的学生表示谈恋爱应“以结婚为目的”，另有 10% 的学生选择了其他选项。

而对于“你支持快餐速食恋爱吗？”这个问题，30% 的学生持中立态度，55% 的学生表示反对，15% 的学生持支持态度。这说明快餐式的恋爱消费在大学生中还是有相当比例的。

对此调查结果，该校大学生心理健康咨询中心朱逢九老师分析，社会现实的影响，导致一些大学恋情与以前相比越来越不单纯，这也是导致大学恋爱快餐化的重要原因。她认为，大学恋爱是大学阶段必须学会的课题，甚至可以说是这个成长阶段的一个任务。大学阶段对于学生情感的重要性和其对于一个人人生的重要性是一样的。这是一个“练兵场”，在这个阶段的历练中，大学生的情感才能不断走向成熟。但快餐式的大学生恋情，还是应该反对。对于恋爱，还是应该抱着严肃、认真、负责的态度。

大学生恋爱的初衷应该都是想要长久的，所以她建议大学生们不要对感情太轻率、太过随意，但也无须强求，应该客观地应对一切，抱着乐观、坦然的心态去积极面对。（566 字）

选自《扬子晚报》，有改动

1. 初衷 （名） chūzhōng 最初的心愿。
2. 轻率 （形） qīngshuài 随随便便，没有经过慎重考虑。
3. 坦然 （形） tǎnrán 形容心理平静，无顾虑。

练习

一、选择画线词语的恰当解释

1. 本应不温不火慢慢培养的感情被程序化标准化地加工一下就端上了桌面。（ ）
   A. 对人很冷淡 B. 对人态度不好 C. 销售情况不好 D. 不急躁，慢慢地
2. 30% 的学生选择“摆脱孤独和寂寞”。（ ）
   A. 冷清孤单 B. 非常紧张 C. 生活不如意 D. 巨大的压力
3. 30% 的学生持中立态度，55% 的学生表示反对，15% 的学生持支持态度。（ ）
   A. 孤立地看问题 B. 说不清楚，让人很难理解
   C. 有主见，不容易受别人的影响 D. 处于对立的双方之间，不倾向任何一方
4. 社会现实的影响，导致一些大学恋情与以前相比越来越不单纯。（ ）
   A. 专一 B. 长久 C. 简单 D. 忠诚

二、根据课文内容判断正误

1. 该项调查的题目是“大学生应该出于何种目的谈恋爱”。（ ）
2. 30% 的学生不支持快餐速食恋爱。（ ）
3. 导致大学恋爱快餐化的重要原因是家庭的影响。（ ）
4. 对于恋爱，还是应该抱着严肃、认真、负责的态度。（ ）
5. 大学生恋爱最初的心愿应该都是想要长久的。（ ）

三、根据课文内容回答问题

1. 朱逢九老师分析导致大学恋爱快餐化的重要原因是什么？
2. 大学生应该用什么样的态度对待校园恋爱？

四、自由谈

你对大学生恋爱有什么看法？

阅读 4

天使在行动

2010 年，聊城职业技术学院护理学院正式成立了“天使在行动”社会志愿服

务队，目前人数近 200 人。成立五年来，参加社会服务的基本都是护理学院大一新生，由大二学生负责组织管理，如此一级级更替。

周宏宇是护理学院大二学生，是目前社团的主要负责人。她说，社团日常工作主要分两部分，一是到市人民医院做志愿者，二是到各老年公寓、福利院做志愿者。

“我们基本上每周末都到市医院做志愿者。主要工作就是帮助病人解决一些小麻烦，为他们指引就医方向，帮助他们在自助挂号机上挂号，帮忙打印化验单结果，接受患者的咨询，等等，包括暑假和春节期间都是如此。”据统计，社团自成立以来，到市人民医院志愿服务上岗近 4000 人次，服务时间超过 15000 小时，服务超过 10 万人次。

周宏宇说，在医院做志愿者虽然做的都是一些比较琐碎和看似微不足道的小事，但需要极大的耐心和敬业精神。“每到周末尤其是春节期间，医院总是人满为患。大部分来看病的人都十分忧虑焦急，我们需要主动上前提供帮助，不厌其烦地一遍遍为他们讲解和介绍，并尽可能安抚病人情绪。”

此外，志愿者的工作还需要爱心和同理心。“我们经常遇到老人自己从很远的县城或农村来看病。他们既不识字，也不认路，站在大厅里不知所措。我们志愿者便会一直跟在老人身边，带他们看病拿药，直到把他们送出医院大门。”周宏宇说，正是这些经历，让他们知道了自己工作的重要性和价值。

刘丹丹也是护理系一名大二的学生，在之前一年的社团生涯中，她主要跟同学一起到老年公寓和医院的特殊护理病房做义工。

“特护病房的老人们基本都患了重病，很大一部分毫无意识，平时儿女也很少来照顾，我们的任务就是帮老人们剪指甲、洗脸、洗头发、打扫卫生等等。”刘丹丹说。做护工就是要不怕累不怕脏，这都是很平常的事情，她从来没有嫌弃或产生抵触心理。

“加入社团一年多的时间，我对自己所学的专业和以后要从事的工作有了更多的认识。只要能够帮助别人，心里就觉得充实，就觉得自己的选择是有价值有意义的。”刘丹丹笑着说。（814 字）

选自《聊城晚报》，有改动

1. 琐碎 （形） suǒsuì 细小而繁多。
2. 安抚 （动） ānfǔ 安顿抚慰。
3. 嫌弃 （动） xiánqì 厌恶而不愿接近。
4. 抵触 （动） dǐchù 跟另一方有矛盾。

练习

一、选择画线词语的恰当解释

1. 由大二学生负责组织管理，如此一级级更替。 (　　)

A. 交换　B. 轮流　C. 更换　D. 转换

2. 帮忙打印化验单结果，接受患者的咨询。 (　　)

A. 讨论　B. 询问　C. 商量　D. 研究

3. 在医院做志愿者做的都是一些比较琐碎和看似微不足道的小事。 (　　)

A. 微妙之言　B. 不值一提　C. 微言大义　D. 谨小慎微

4. 每到周末尤其是春节期间，医院总是人满为患。 (　　)

A. 人老珠黄　B. 人来客往　C. 熙熙攘攘　D. 川流不息

5. 他们既不识字，也不认路，站在大厅里不知所措。 (　　)

A. 手足无措　B. 胸有成竹　C. 心中有数　D. 忐忑不安

二、根据课文内容判断正误

1. 参加社会服务的基本都是护理学院大一新生，由大二学生负责组织管理，如此一级级更替。 (　　)

2. 周宏宇是护理学院大一学生，是目前社团的主要负责人。 (　　)

3. 社团日常工作主要分两部分，一是到市人民医院做志愿者，二是到各老年公寓、福利院做志愿者。 (　　)

4. 特护病房的老人们大都患了癌症，平时主要由儿女照顾。 (　　)

三、根据课文内容回答问题

1. 社团的日常工作是什么？

2. 对刘丹丹来说，加入社团有什么意义？

MHK 三级演练

1–10 题，每段文字后有一个或几个问题，每个问题都有 ABCD 四个答案，请阅读后根据每题要求选择唯一正确的答案。

1

确保全面建成小康社会决胜阶段良好开局，为建成富强民主文明和谐的社会主义现代化国家、实现中华民族伟大复兴的中国梦做出新的贡献。

【1】句中画线词语拼音正确的一项是： (　　)

A. 确保（quèbǎ）　B. 决胜（jüéshèng）　C. 和谐（héxéi）　D. 贡献（gòngxiàn）

2

据教育部网站消息，教育部、公安部近日联合下发了《关于做好综合治理“高考移民”工作的通知》。通知要求，各级教育部门要加强监管，督促高中阶段学校强化内部管理、规范办学行为，重点发现和纠正人籍分离、空挂学籍、学籍造假的现象。

【2】下面哪一项最适合做这段话的标题？　(　　)

A. 教育部、公安部开展联合行动

B. 教育部、公安部开展治理工作

C. 教育部、公安部联合部署工作

D. 教育部、公安部部署综合治理“高考移民”工作

3–5

几米是台湾著名的绘本画家，＿3＿以可爱、充满童趣的图像，融合短文，表达发人省思的故事，蕴含人生的寓意。大人小孩儿皆宜的绘本，不但成功开创了成人绘本的风潮，更改编翻拍成《向左走，向右走》《地下铁》《星空》等知名电影。为了跟上几米风潮，台湾各地出现了许多以几米为主题的观光景点，不论是结合绘本中布景的装置艺术，还是电影拍摄过的场景，一经推出都广受好评，蔚为风潮。

【3】文中＿3＿处应该填写的词语是：　(　　)

A. 善于　B. 利于　C. 擅长　D. 擅于

【4】根据这段话，可以知道几米：　(　　)

A. 拍摄了《星空》　B. 参演了《地下铁》

C. 专门创作成人绘本　D. 是台湾著名的绘本画家

【5】以下哪部几米的作品没有改编成电影？　(　　)

A.《星空》　B.《地下铁》　C.《听几米唱歌》　D.《向左走，向右走》

6–7

“互联网 +”的风潮席卷（6）各个领域，音乐行业也不例外。窦靖童最近发布了最新“数字单曲”；饱受争议的女子团体 sunshine 如今正频频刷屏；艺人薛之谦凭借段子手的特性成了“网红”。继高晓松、宋柯加盟阿里音乐之后，知名音乐人郑钧也推出了自己的 APP。这些现象都有一个共同特征：音乐人越来越多、越来越深入地借助互联网实现歌曲宣发、形象包装、话题引爆。开启音乐人的“互联网 +”模式，其实就是把做音乐的阵地转到互联网上，换个地盘换个新玩法。

【6】根据文意，可以替换“席卷”的词语是：　(　　)

A. 包括　B. 包罗　C. 卷入　D. 影响

【7】根据文意，下面哪一项是错误的？　(　　)

A. 郑钧推出了自己的 APP　B. 女子团体 sunshine 爱玩儿手机

C. 窦靖童最近发布了最新“数字单曲”　D. 薛之谦凭借段子手的特性成了“网红”

8–10

上海市消费者权益保护委员会就手机___8___应用软件引发侵权责任纠纷问题，分别向三星和欧珀___9___消费公益诉讼，并被法院受理。中消协对此表示，支持上海消保委___10___法定职责，并为一切依法维护消费者权益的行为"点赞"。

【8】文中___8___处应该填写的词语是：（　　）

A. 提前　　B. 装置　　C. 预示　　D. 预装

【9】文中___9___处应该填写的词语是：（　　）

A. 发出　　B. 申请　　C. 发起　　D. 提起

【10】文中___10___处应该填写的词语是：（　　）

A. 执行　　B. 履行　　C. 行使　　D. 行动

第3课

关注大学生心理问题

阅读1

大学新生如何心理“断奶”

两周前的一个早上，小娟在父母的陪伴下推开了省二医心理咨询治疗中心的大门。小娟是今年参加高考的应届高中毕业生，成绩颇为理想。马上就要到大学报到了，她却没有丝毫的兴奋。“门也不出，饭也不吃，其他孩子考好了兴高采烈，我女儿却闷闷不乐，偷偷哭泣。”小娟的母亲王女士说道。母亲与小娟交谈后发现，原来小娟不愿意离开她去异地求学，还提出“如果非要去，妈妈也得去陪读”。这该如何是好？

省二医心理咨询治疗中心主任刘鹰与小娟交流后发现，面对即将到来的、未知的新环境，小娟内心充满了焦虑和恐惧，无法做好自我心理调节。“心理尚未‘断奶’，求学之路恐难平坦。”刘鹰告诉记者，过去他们接收过很多类似小娟这样的病例，多因为对父母过分依赖、难以独立生活，而不愿前去求学、中途退学甚至轻生等。摆脱过分的心理依赖，尽快学会自强自立，成为大一新生铺好求学之路的关键。（361字）

选自《贵州都市报》，有改动

1. 咨询 （动） zīxún 询问，征求意见。
2. 陪读 （动） péidú 陪伴他人读书。

练习

一、选择画线词语的恰当解释

1. 小娟在父母的陪伴下推开了省二医心理咨询治疗中心的大门。 （　　）

A. 带领　　B. 陪着　　C. 伴侣　　D. 陪同

2. 小娟是今年参加高考的应届高中毕业生，成绩颇为理想。 （　　）

A. 从　　B. 较　　C. 很　　D. 偏

3. 其他孩子考好了兴高采烈，我女儿却闷闷不乐，偷偷哭泣。（　）

A. 没兴趣　　B. 没意思，无聊

C. 气氛沉闷，不活跃　　D. 事情不如意，心里不快活

4. 原来小娟不愿意离开她去异地求学。（　）

A. 他乡　　B. 国外　　C. 不同　　D. 国内

5. 小娟内心充满了焦虑和恐惧，无法做好自我心理调节。（　）

A. 痛苦　　B. 忧虑　　C. 悲伤　　D. 害怕

二、根据课文内容选出正确答案

1. 小娟是今年参加高考的应届毕业生，高考成绩怎么样？（　）

A. 很差　　B. 很好　　C. 还不错　　D. 不太理想

2. 小娟闷闷不乐的原因是什么？（　）

A. 高考成绩不好　　B. 对所考的大学不满意

C. 自己的大学离家太远　　D. 不愿意离开母亲去异地求学

3. 出现类似小娟这样的病例的原因多为：（　）

A. 性格内向　　B. 人际交往能力差　　C. 对父母过分依赖　　D. 父母对孩子太严厉

三、根据课文内容回答问题

1. 省二医心理咨询治疗中心主任刘鹰与小娟交流后发现了什么？

2. 大一新生入学之初最关键的是什么？

四、自由谈

刚踏进大学或刚参加工作时，你是如何自我调节适应新生活的？请谈一谈。

阅读 2

被忽略的人际交往

武汉某高校大二男生小何，国庆假期居然未出寝室大门一步，七天全靠泡方便面度日。小何说，这七天是他过得最无聊的一个假期。因为他在武汉读书两年，几乎没有什么朋友，除了集体活动时被同学硬拉着去了一次武大和汉口江滩外，基本上没离开过学校。现在学校搬至市郊，假期寝室同学又都已回家，他感到无处可去，怕离开学校后在市区迷路。在这七天时间里，他在寝室除了看书、做作业，就是在电脑上看电影。他买了整箱的方便面，饿了就泡面吃。

据了解，小何的学习成绩一直在全年级名列前茅，每学期都拿奖学金，大一下学期还获得了学校的一等奖学金。平时他除了待在教室、寝室外，极少到其他地方，也很少参加学校的活动。其同学称，小何给人感觉很内向，有一次在教室外碰到了学院领导，他竟躲到了门后。对此，小何淡淡地说："我喜欢独来独往。"

武汉科技大学心理学老师认为，学习成绩优秀的大学生感到心理孤独的现象并不鲜见，他们在成长中往往个人优越感较强，也易因此忽略了人际交往。值得注意的是，这样的大学生尽管在校成绩优异，但在求职中却往往处于被动等待状态，难以成功推销自己，会面临较大的就业压力。（467 字）

选自《安徽日报》，有改动

1. 居然　（副）　jūrán　　表示出乎意料，竟然。
2. 内向　（形）　nèixiàng　（性格、思想感情等）深沉、不外露。
3. 推销　（动）　tuīxiāo　　推荐销售。

练习

一、选择画线词语的恰当解释

1. 小何说，这七天是他过得最<u>无聊</u>的一个假期。（　　）
   A. 有趣　B. 繁忙　C. 没味道　D. 没意义
2. 据了解，小何的学习成绩一直在全年级<u>名列前茅</u>。（　　）
   A. 名次不好　B. 名次一般　C. 非常有名　D. 排在前几名
3. 小何淡淡地说："我喜欢<u>独来独往</u>。"（　　）
   A. 一个人住　B. 孤独无助　C. 单独活动　D. 不需要别人帮助
4. 成绩优秀的大学生感到心理孤独的现象并不<u>鲜</u>见。（　　）
   A. 常　B. 少　C. 多　D. 普遍

二、根据课文内容判断正误

1. 武汉某高校大二男生小何，国庆假期七天全靠泡方便面度日。（　　）
2. 小何说，这七天是他过得最愉快的一个假期。（　　）
3. 小何的学习成绩一直是全年级前几名。（　　）
4. 武汉科技大学心理学老师认为，学习成绩优秀的大学生感到心理孤独的现象并不多见。（　　）

三、根据课文内容回答问题

1. 小何在武汉读书两年去过哪些地方？

2. 一些学习成绩优秀的大学生为什么会感到心理孤独？

四、自由谈

你觉得在现实生活中人际交往重要吗？谈谈你的看法。

阅读 3

学校呼唤“生命教育”

随着社会各行各业竞争的日趋激烈，在校学生自我期望值也随之攀高，从而导致一些心理脆弱的学生在面对困难、挫折、失败时极易丧失自信，他们往往盲目地选择轻生作为解脱的方式。

对此，学校应加强对学生的生命教育，告诫学生随意了结生命是对家庭和自身极度不负责任的表现。另外，家长的言传身教对孩子的影响更为深远。家长首先应当是热爱生活的人，要让孩子感悟成长的快乐，学会直面失败和痛苦，不讳言生命的脆弱和无常，要让孩子经得起挫折和打击，帮助孩子建立责任心，变得更坚强。

在美国，孩子们会在家长或老师的带领下，到郊外专为绝症患者提供善终服务的宁养院，把花瓣轻轻撒向临终者的床榻，微笑着目送患者告别人世。研究表明，有些州在中小学进行死亡教育后，自杀率有非常明显的下降。

在瑞典，孩子在很小的时候，老师就会让他们摸着孕妇的肚子，给他们讲人是怎么诞生的，让孩子懂得什么是生命。瑞典小学生还被允许到太平间与遗体接触，被告知一个人死亡对自己、对亲人意味着什么。

英国纪录片《我们的孩子足够坚强吗？》中有这样一个小故事：体育课上，孩子们围着操场跑圈，两名英国学生无法承受“高强度”压力，居然哭了起来。这时，英国的教师立即走上前去鼓励哭泣的孩子，并告诉他：“你虽然体育还欠缺锻炼，但你在其他方面非常棒，有别人没有的优势。”

由此及彼，在日常生活的方方面面，是不是都应该有这样一群人和一些声音告诉青年人“你很棒”，也让青年人能坦然面对“失利”？（604 字）

选自中青在线，有改动

1. 讳言 （动） huìyán 不敢或不愿说。
2. 绝症 （名） juézhèng 指现在无法治好的疾病。

练习

一、选择画线词语的恰当解释

1. 随着社会各行各业竞争的日趋激烈，在校学生自我期望值也随之攀高。（　　）

A. 一天又一天　　B. 一天挨一天　　C. 一天比一天　　D. 一天接一天

2. 导致一些心理脆弱的学生在面对困难、挫折、失败时极易丧失自信。（　　）

A. 柔弱　　B. 柔软　　C. 不稳定　　D. 不坚强

3. 学校应加强对学生的生命教育，告诫学生随意了结生命是对家庭和自身极度不负责任的表现。（　　）

A. 劝阻　　B. 警示　　C. 劝诫　　D. 告示

4. 老师就会让他们摸着孕妇的肚子，给他们讲人是怎么诞生的。（　　）

A. 出生　　B. 出现　　C. 出来　　D. 生活

二、根据课文内容判断正误

1. 心理脆弱的学生遇到挫折时往往盲目地选择轻生作为解脱的方式。（　　）

2. 想让孩子心理健康，家长首先应当是个热爱生活的人。（　　）

3. 在美国，孩子们会到郊外专为绝症患者提供善终服务的宁养院帮助照顾老人。（　　）

4. 研究表明，美国有些州在中小学进行死亡教育后，自杀率有非常明显的上升。（　　）

5. 瑞典小学生还被允许到太平间与遗体接触，被告知一个人死亡对自己、对亲人意味着什么。（　　）

三、根据课文内容回答问题

1. 学校应加强对学生哪方面的教育？

2. 家长的言传身教对孩子有哪些影响？

四、自由谈

你觉得年轻人应该如何面对生活中的失败？请谈谈你的看法。

阅读 4

“励志”的别样理解

近日，在厦门理工学院举行的“十佳励志大学生”评选活动中，“90 后”大学生诠释了对“励志”的别样理解。

材料系大三女生陈丽珍在演讲中说：“我认为，不是只有苦情故事才励志，遭遇挫折后仍能保持积极乐观心态也能有励志的效果。”她举例说，自己就是个坚强乐观的女孩儿，新生入学军训时，中暑脱水差点儿晕倒，稍做休息后她仍然坚持参加军训。她连续 3 年担任厦门国际马拉松赛、厦门贸洽会等大型活动的志愿者，被评为厦门市优秀志愿者。

外语系大三学生陈晓芳的改变缘自一次课堂上“受刺激”。大一时，成绩平平的她见到外教上课就坐到教室最不显眼的墙角位置，一次被外教点到名做翻译练习，她当时紧张得从凳子上“弹”了起来，脱口而出的话引来哄堂大笑。

她知耻而后勇，每天 6 点起床听英语广播，背名人演讲稿，MP3 不离身，电影必看英语原声版，还主动申请加入莎士比亚戏剧社。如今，她不仅过了英语专业八级，还拿到了剑桥商务英语高级证书，考到了教师资格证、导游证，成了同学们心目中的“考证达人”。

据介绍，厦门理工学院“十佳励志大学生”评选活动至今已举办三届。前两届的 10 名“十佳励志大学生”基本上以家境贫困为背景讲述励志故事。而在今年的评选活动中，全部选手已经都不再以贫困为背景，更多的是谈起自己高考的艰辛岁月和所追求的大学生活。

“我当了三届‘十佳励志大学生’评选活动的评委。不同于以前的励志故事，主人翁要么身残志坚，要么极度贫困，要么苦难深重……总让人不禁落泪，今天选手们的励志故事，可以让人一直微笑着看到最后。可见“90 后”对励志的理解不一样了。”现场评委姚帆总结说。

获得上一届“十佳励志大学生”称号的刘圣同学告诉记者，虽然今年选手的励志故事不再有以前那些催人泪下的艰辛故事，但是“他们所表现的精神仍然鼓舞着我，激励着我坚持自己的梦想”。（717 字）

选自新浪新闻网，有改动

1. 励志　（动）　lìzhì　奋发志气，把精力集中在某方面。
2. 催人泪下　cuī rén lèi xià　形容事迹十分感人，使人不禁流下眼泪。

练习

一、选择画线词语的恰当解释

1. 新生入学军训时，中暑脱水差点儿晕倒，稍做休息后她仍然坚持参加军训。（　　）

   A. 稍微　B. 等一会儿　C. 过一会儿　D. 停留一会儿

2. 外语系大三学生陈晓芳的改变缘自一次课堂上“受刺激”。（　　）

   A. 原因　B. 理由　C. 因何　D. 事情的起因

3. 成绩平平的她见到外教上课就坐到教室最不显眼的墙角位置。（　　）

A. 非常明显　　B. 可以明显地看出

C. 容易看出或感觉到　　D. 明显而容易被看到

4. 前两届的 10 名“十佳励志大学生”基本上以家境贫困为背景讲述励志故事。（　　）

A. 全部　　B. 主要　　C. 绝大多数　　D. 占大多数

5. 他们所表现的精神仍然鼓舞着我，激励着我坚持自己的梦想。（　　）

A. 鼓动　　B. 激动　　C. 激烈鼓舞　　D. 激发鼓励

二、根据课文内容判断正误

1. 陈丽珍在新生军训中中暑晕倒了，但她马上爬起来仍然坚持训练。（　　）

2. 陈晓芳上课时从椅子上摔下来引起了哄堂大笑。（　　）

3. 前两届“十佳励志大学生”都以家境贫困为背景讲述励志故事。（　　）

4. 刘圣同学认为今年选手的励志故事很鼓舞人。（　　）

三、根据课文内容回答问题

1. 陈丽珍对“励志”是怎么理解的？

2. 请说一说陈晓芳的励志故事。

MHK 三级演练

1–10 题，每段文字后有一个或几个问题，每个问题都有 ABCD 四个答案，请阅读后根据每题要求选择唯一正确的答案。

1

哈长城市群定位为东北老工业基地振兴发展重要增长极、北方开放重要门户、老工业基地体制机制创新先行区、绿色生态城市群。

【1】句中画线词语拼音正确的一项是：（　　）

A. 定位（dìngweì）　　B. 振兴（zhènxìng）

C. 机制（jīzhì）　　D. 生态（shēntài）

2

在一项由“一带一路”沿线 20 国青年参与的评选中，高铁、支付宝、共享单车和网购被称作中国“新四大发明”。就拿共享单车来说，其背后有卫星定位系统、移动支付、大数据等诸多科技成果支撑。中国创业者在全球率先将这些科技元素结合到一起，开发出共享单车模式，最近已开始进军新加坡、英国等海外市场。曾以古代“四大发明”推动世界进步的中国，正再次以科技创新向世界展示自己的发展理念。

【2】下面哪一项最适合做本文的标题？ （　　）

A. 中国的“新四大发明”

B. 中国向世界展示自己

C. 中国进入新的创新时代

D. 共享单车进军国外市场

3–5

继去年年底连续__3__三家门店后，上月底同一日内奢侈品品牌路易威登再次关闭了分别位于上海和山西太原的两家门店。其中位于上海淮海中路力宝广场的旗舰店于2010年4月开业，门店整体面积1475平方米，销售面积963平方米。这间门店关闭后，路易威登在上海门店将只剩下浦西的两家和浦东的一家。目前，该店已由内衣品牌“维多利亚的秘密”接替。

【3】文中__3__处应该填写的词语是： （　　）

A. 停止　　B. 管理　　C. 关闭　　D. 闭店

【4】根据这段话，可以知道路易威登门店： （　　）

A. 在中国越来越少　　B. 在中国越来越多

C. 在山西开了家店　　D. 在北京开了新店

【5】这段话主要介绍路易威登： （　　）

A. 上海旗舰店为什么关闭　　B. 上海几家门店的情况

C. 在中国的门店数量持续减少　　D. 旗舰店被内衣品牌“维多利亚的秘密”接替

6–7

央视《焦点访谈》栏目报道了儿童智能手表安全问题的相关新闻。家长多是为了孩子的安全才购买儿童智能手表，新闻却指出，这样一块表很容易被不法分子利用，成为定位窃听器，导致个人信息全部泄露（6）。记者了解到，在成都一些学校已经不允许学生在学校使用儿童智能手表；而之前购买了儿童智能手表的家长也表示，买了智能手表以后其实用得不多。专家则表示，所有的设备都会出现软件安全问题，漏洞不可__7__，所以家长不应该盲目信任儿童智能手表。

【6】根据文意，可以替换“泄露”的词语是： （　　）

A. 走漏　　B. 泄密　　C. 显示　　D. 显露

【7】文中__7__处应该填写的词语是： （　　）

A. 逃避　　B. 缺少　　C. 避免　　D. 挽回

8–10

我国不断__8__促进可再生能源开发利用的体制机制，建立可再生能源电力绿色证书交易机制。可再生能源电力绿色证书可通过证书交易平台按照市场机制进行交易。2020年，__9__专门的非化石能源生产企业外，各发电企业非水电可再生能源发电量应达到全部发电量的9%以上。

各发电企业可以通过证书交易完成非水可再生能源占比目标的要求。___10___可再生能源电力绿色证书持有人按照相关规定参与碳减排交易和节能量交易。

【8】文中___8___处应该填写的词语是：（　　）

A. 完备　　B. 完善　　C. 完整　　D. 完全

【9】文中___9___处应该填写的词语是：（　　）

A. 除　　B. 根据　　C. 但是　　D. 虽然

【10】文中___10___处应该填写的词语是：（　　）

A. 鼓励　　B. 鼓动　　C. 鼓掌　　D. 鼓舞

第4课

大学生就业问题

阅读1

敢想敢干才能成功

相信很多佩戴框架眼镜的人会时常为擦眼镜而烦恼：用眼镜布擦不干净，容易留下划痕，去眼镜店清洗又太麻烦。这种烦恼也曾困扰着哈工大2006届毕业生赵烨，不过和一般人不同的是，他为此专门研制出了眼镜清洗液。

毕业之后，赵烨进入了宝马公司工作。在经历了一次开颅手术后，赵烨辞职回到家乡威海，同时想到了创业。

然而，正当他准备开始创业的时候，金融危机爆发了，市场环境很不好，不过社会和政府空前关注大学生就业、创业的问题。他抓住这个机会给威海市市长和山东省省长，甚至当时的国务院总理温家宝写了信，希望得到支持和帮助。

随后，他的求助得到了反馈，经过努力他的产品在北京生产出来。

回顾自己的创业经历，赵烨感叹几乎每一步都得到了政府和社会机构的大力帮助。"我觉得现在可以算作一个创业的好时代，大学生可以多尝试，只要项目好，资金等不是问题。大学生创业者可以通过参加创业比赛或者电视节目来引起关注。"（384字）

选自大学生创业网，有改动

练习

一、选择画线词语的恰当解释

1. 这种烦恼也曾困扰着哈工大2006届毕业生赵烨。（　　）

A. 为难　　B. 感到困惑

C. 事情复杂，阻碍多　　D. 使处于困境，难以摆脱

2. 市场环境很不好，不过社会和政府空前关注大学生就业、创业的问题。（　　）

A. 特别　B. 更加　C. 越来越　D. 以前所没有

3. 随后，他的求助得到了反馈。（　）

A. 反应　B. 返回　C. 支持　D. 同意

4. 回顾自己的创业经历，赵烨感叹几乎每一步都得到了政府和社会机构的大力帮助。（　）

A. 因感激而流泪　B. 有所感触而领悟

C. 有所感触而叹息　D. 非常感动并发出赞叹

二、根据课文内容选出正确答案

1. 以下哪一项不是困扰哈工大 2006 届毕业生赵烨的烦恼？（　）

A. 去眼镜店清洗眼镜太麻烦　B. 市场上的眼镜清洗液太贵

C. 用眼镜布不容易把眼镜擦干净　D. 用眼镜布擦眼镜容易出现划痕

2. 关于赵烨，下面哪一项是正确的？（　）

A. 一毕业就开始创业　B. 一毕业就回到了家乡威海

C. 嫌公司待遇不好，所以辞职了　D. 经历了一次开颅手术后从公司辞职了

3. 为了得到支持和帮助，赵烨写了很多信，下面哪一项不正确？（　）

A. 给宝马公司写信　B. 给山东省省长写信

C. 给威海市市长写信　D. 给当时的国务院总理写信

4. 对于赵烨创业的经历，作者是什么态度？（　）

A. 反对　B. 赞赏　C. 同情　D. 无所谓

三、根据课文内容回答问题

1. 什么原因使得赵烨研制出了眼镜清洗液？

2. 赵烨是如何看待大学生创业的？

四、自由谈

本科毕业后，你会选择考研还是直接就业或是去创业？请谈谈你的想法。

阅读 2

大学生就业要适应社会发展新常态

近几年随着高校的扩招，大学生数量逐年增多，特别是近几年大学毕业生数量连创新高，就业压力也与日俱增。

大学生就业难，一方面是因为人数和岗位的差距，另一方面还表现出毕业生与就业去向之间的主观性矛盾。有调查显示，75% 的大学生希望能留在大城市工

作。大多数大学生毕业后想去大城市、沿海发达地区就业，而不愿到基层、到艰苦边远地区，这样的选择无可厚非，毕竟大城市、发达地区能够提供更好的工作环境、工资待遇和生活条件。而基层特别是艰苦边远地区基层单位，经济社会发展相对落后，工资待遇低，生活条件相对差，对大学生来说缺乏足够的吸引力，所以很多人宁愿在大城市“打零工”，也不愿到基层就业。

但面临激烈的竞争环境和空前的就业压力，改变观念，重新规划自己的就业路径对大学毕业生来说更具现实意义。艰苦边远地区虽然经济社会发展落后，但却为当代大学生建功立业提供了更加广阔的舞台，更是大学生增阅历、长才干的沃土。这些地区更迫切需要大批优秀人才去服务、建设和发展。(409 字)

选自《兰州晚报》，有改动

1. 基层	（名）	jīcéng	最底层；各个组织中最靠下的一层，这一层和人民群众的联系最密切。
2. 规划	（动）	guīhuà	做比较全面的长远的发展计划。
3. 建功立业		jiàn gōng lì yè	建立功勋，成就事业。

练习

一、选择画线词语的恰当解释

1. 特别是近几年大学毕业生数量连创新高，就业压力也与日俱增。（　　）
   A. 不断降低　B. 不断减少　C. 不断增长　D. 不断发现
2. 大学生就业难，一方面是因为人数和岗位的差距。（　　）
   A. 事物之间相差的程度　B. 事物之间相差的长度
   C. 事物之间相差的原因　D. 事物之间相差的形状
3. 不愿到基层、到艰苦边远地区，这样的选择无可厚非。（　　）
   A. 说话做事有缺点，不需要谅解　B. 说话做事虽有缺点，但可以谅解
   C. 说话做事没缺点，无所谓谅解　D. 说话做事让人无法理解，摸不着头脑
4. 艰苦边远地区虽然经济社会发展落后，……，更是大学生增阅历、长才干的沃土。（　　）
   A. 历来　B. 经过　C. 经历　D. 路过

二、根据课文内容判断正误

1. 近几年随着高校的扩招，大学毕业生数量逐年增加。（　　）
2. 有调查显示，75% 的大学生希望能留在大城市工作。（　　）
3. 大学生毕业后想去大城市、沿海发达地区就业，而不愿到基层、到艰苦边远地区，这种想法可以理解。（　　）

4. 很多人宁愿在农村“打零工”，也不愿到基层就业。 （ ）

三、根据课文内容回答问题

1. 作者认为大学生就业难的原因是什么？
2. 面临激烈的竞争环境和空前的就业压力，我们应该怎么做？

四、自由谈

你毕业后想留在家乡还是去异乡闯荡？请谈谈你的想法。

阅读 3

拥抱当下还是忧虑未来

一位著名小说家曾写道：“青春犹如梦幻，人人似癫若狂。”然而，当代青少年有的不是这般“似癫若狂”，而是真的疯狂。当代青少年对学业、经济保障、事业和成功的期望，以及随之而来的压力，勒得他们几乎窒息发狂。

如今，大学生数量逐年增加，大学生就业率呈下降趋势。英国政府 2015 年的调查数据显示，2014 年大学生就业率为 3.9%，降至 2007 年以来的最低值。在一个追求经济保障压力巨大的年代，这一数据无疑对促进年轻人就业毫无裨益。

曾经，学生们被告知，只有通过努力才能敲开大学的大门。于是，学生们满怀期望踏入这道被教授们称为通向机遇和希望的大门。这毫无错误，大学也确实是一个让学生开阔眼界的快乐天地。但若踏出大学的校门，走到教育流水线的尽头，我们该何去何从？对此，绝大多数年轻人深感迷茫。

当代青年对未知充满恐惧的主要原因是其所面临的情感焦虑。青年还处于一个相对愚钝、鲁莽和不成熟的年龄，在此时接受谴责未免过早。大学带来的是新的生活城市、新的家园、新的社会关系，于是人们很容易将这段时间标记为人生最得意的充满无限希望的年华，但这恰恰增加了实现这样一种得意年华的压力。毕竟，这是我们“最辉煌”的岁月，不是吗？但如果我们不拥抱当下反而忧虑未来呢？

青春常被称为人生中最无忧无虑的一段岁月，但当代青年日日被对未来的期望所困扰并为之焦虑。成功与否的标准被定义为薪资高低和房子面积的大小。这样的青春难免令人疯狂，却非小说家笔下那令人沉醉的“似癫若狂”。（599 字）

选自环球网，有改动

1. 勒 （动） lēi 用绳子拉紧脖子。
2. 窒息 （动） zhìxī 因外界氧气不足或呼吸系统发生障碍而呼吸困难甚至停止呼吸。
3. 裨益 （名） bìyì 益处，补益。
4. 鲁莽 （形） lǔmǎng 形容说话做事不经过考虑，轻率。

练习

一、选择画线词语的恰当解释

1. 青春犹如梦幻，人人似癫若狂。 （ ）
   A. 现实的环境 B. 梦中的幻境 C. 梦幻的乐园 D. 现实的陆地
2. 然而，当代青少年有的不是这般“似癫若狂”，而是真的疯狂。 （ ）
   A. 忘我 B. 发疯 C. 猖狂 D. 凶狠
3. 大学生数量逐年增加，大学生就业率呈下降趋势。 （ ）
   A. 事物发展的动向 B. 事物发展的动力
   C. 事物发展的环境 D. 事物发展的开端
4. 青年还处于一个相对愚钝、鲁莽和不成熟的年龄。 （ ）
   A. 智慧 B. 聪明 C. 智力 D. 笨拙

二、根据课文内容判断正误

1. 大学生数量呈上升趋势，大学生就业率呈下降趋势。 （ ）
2. 现实社会是一个让学生开阔眼界的快乐天地。 （ ）
3. 绝大多数年轻人大学毕业时感到迷茫。 （ ）
4. 当代青年面临的情感焦虑是其对未知充满恐惧的主要原因。 （ ）
5. 如今评价一个人成功与否，要看其薪资高低和房子面积的大小。 （ ）

三、根据课文内容回答问题

1. 大学给大学生们带来了哪些新的生活？
2. 当代青年为什么对未来感到忧虑？

四、自由谈

在你眼里，什么样的生活算是成功？请谈谈你的看法。

阅读 4

“班级公司”值得推广吗

听说过个人创业、合伙开公司，但你听说过班级办公司吗？西南大学还真有这么一个班级公司。4月10日，西南大学外国语学院2014级非师范专业6班的班级公司正式成立，班上的23名同学都可当创客。而班级公司的创意者，正是该班班主任于涛。

由于国家近年来高度关注和支持大学生创新创业，上学期期末，于涛有了在班级成立公司的想法。既给同学们提供了创业机会，也增强了班级的凝聚力。经过几个月的筹备，他们精心设计了班级公司的标识，策划了班级公司运营方案，于4月10日正式宣告成立。经过一段时间探索后，他们还将到工商部门进行正式的注册登记，“法人代表就由班长来担任。”

班级公司是一家专门针对学生特长爱好成立的校园公司，设定的顾客群主要为校园内的社团组织、老师学生以及学校周边的社区和企事业单位等。目前公司总共可以开展十余项业务，包括外语翻译、家教、平面设计等。这些业务范围是依据全班同学的特长、能力来选定的。公司设立前，班里针对所有同学做了一项特长调查，请同学们写出自己的特长，再进行整理归纳，最终敲定了十来项主营业务。为了扩大知名度，班级公司开通了公众微信号和微博，还通过同学们的QQ广而告之，“目前已经有一个做海报宣传的业务上门了。”

迄今为止公司成立了办公室、公关部和财务部。班上每一个同学都可以在外拉业务，公关部则有专人负责具体的价格洽谈。如果是一个人可以完成的业务，拉回业务的同学有优先选择权；如果他不愿意做或者需要团队配合，则由办公室根据特长和空闲时间分配任务。但由于目前班级公司还处于初级探索阶段，分配也比较简单，公司提成15%，业务员提成20%，剩下的65%由具体完成任务的同学分配。

“班级成立公司，是一种创新。”重庆大学公共管理学院教授曾国平表示，在国家大力提倡创新创业的大背景下，鼓励大学生自主创业，这是好事。以班级名义开公司，有利于建立在利益共同体上的合作、团结、和谐。“这里也隐含着法律问题。”曾国平表示，既然有营利行为，就必须遵守国家有关的法律规定，有法人代表，注册登记，按照相应的市场法规办事，经营行为才能规范。同时，名为公司，就得建立公司的章程，建章立制，确定服务规范，否则容易产生纠纷。（883字）

选自《重庆晚报》，有改动

1. 凝聚力 （名） níngjùlì 指群体成员之间为实现群体活动目标而实施团结协作的程度。所谓群体是指人的集合，包括家庭、朋友、单位、集体、阶级、民族、国家等。凝聚力外在表现于人们的个体动机行为对群体目标任务所具有的信赖性、依从性乃至服从性上。
2. 洽谈 （动） qiàtán 商量。
3. 隐含 （动） yǐnhán 隐约含有；暗中包含。

练习

一、选择画线词语的恰当解释

1. 经过几个月的筹备，他们精心设计了班级公司的标识。（　　）
   A. 努力　B. 计划　C. 思考　D. 准备
2. 他们精心设计了班级公司的标识，策划了班级公司运营方案，于4月10日正式宣告成立。（　　）
   A. 准备完毕　B. 准备计划　C. 设计规划　D. 准备就绪
3. 请同学们写出自己的特长，再进行整理归纳，最终敲定了十来项主营业务。（　　）
   A. 放弃　B. 确定　C. 包括　D. 解决
4. 名为公司，就得建立公司的章程，建章立制，确定服务规范，否则容易产生纠纷。（　　）
   A. 争执的事情　B. 违法的事情　C. 复杂的问题　D. 不易解决的问题

二、根据课文内容判断正误

1. 西南大学外国语学院2014级非师范专业6班成立了班级公司，班上的23名同学都可当创客。（　　）
2. 成立班级公司既给同学们提供了创业机会，也增强了班级的凝聚力。（　　）
3. 班级公司规定，每一个同学都可以在外拉业务，谈好价格，然后自己独立完成或挑选其他同学合作完成。（　　）
4. 班级公司必须遵守国家有关的法律规定，有法人代表，注册登记，按照相应的市场法规办事，经营行为才能规范。（　　）

三、根据课文内容回答问题

1. 成立班级公司有什么好处？
2. 班级公司开展的业务有哪些？

MHK 三级演练

1–10 题，每段文字后有一个或几个问题，每个问题都有 ABCD 四个答案，请阅读后根据每题要求选择唯一正确的答案。

1

消费需求升级，同样可以带动产业结构升级。产业结构升级首先要有需求，企业才有生产动力。

【1】句中画线词语拼音正确的一项是：（　　）

A. 需求（xūqióu）　B. 带动（dàidòng）　C. 结构（jiēgòu）　D. 首先（shǒuxuǎn）

2

商务部官方网站消息，为落实国务院有关决策部署，商务部、工业和信息化部、公安部、环境保护部、交通运输部、海关总署、质检总局、国家认监委等 8 部门印发《关于促进汽车平行进口试点的若干意见》（以下简称《意见》），加快推动汽车平行进口试点政策措施落地，促进试点工作取得实效。

【2】下面哪一项最适合做这段话的标题？（　　）

A. 促进试点工作取得实效

B. 加快推动汽车平行进口试点政策措施落地

C.《关于促进汽车平行进口试点的若干意见》

D. 八部门：加快推动汽车平行进口试点政策措施落地

3–5

观猴成为近来旅游的新热点。重庆日前发布《重庆猴趣地图》，__3__出 16 个观猴景点，邀请游客一同感受猴趣。16 个观猴景点分别是渝北统景温塘峡、江津临峰山郊野公园、江津四面山景区、涪陵武陵山大峡谷、南川金佛山西坡、武隆芙蓉洞景区、长寿湖太极岛、万盛黑山谷景区、彭水阿依河景区、璧山青龙湖景区、巫溪兰英乡等地峡谷、奉节白帝城瞿塘峡、丰都雪玉洞景区、南岸洋人街马戏城、九龙坡重庆动物园、永川重庆野生动物园。

【3】文中__3__处应该填写的词语是：（　　）

A. 发布　B. 公布　C. 标注　D. 记录

【4】根据这段话，可以知道：（　　）

A. 重庆有很多旅游景点　B. 重庆发布了《重庆旅游地图》

C. 观猴成为重庆旅游新热点　D. 观猴是重庆最受欢迎的旅游项目

【5】这段话主要介绍的是：（　　）

A. 观猴的注意事项　B. 重庆的著名景区

C.《重庆猴趣地图》　D. 重庆的 16 个观猴点

6–7

昨天是全国“爱耳日”，今年主题为“关注儿童听力健康”。记者昨天获悉（6），本市约有听力残疾人22.7万，其中14岁以下听力残疾儿童有1.98万。出于对就业、教育质量等问题的___7___，绝大多数家长更愿意送听障儿童到普通学校就读。与特殊教育学校相比，普通学校欠缺听力辅助设备，不利于听障儿童的康复。业内人士建议，有关部门应帮助普通学校配置相关设备，更好地照顾随班就读的听障儿童。

【6】根据文意，可以替换文中画线词语“获悉”的词语是：（　　）

A. 了解内情　　B. 知道秘密　　C. 懂得知识　　D. 得到消息

【7】文中___7___处应该填写的词语是：（　　）

A. 了解　　B. 考虑　　C. 反馈　　D. 调查

8–10

“管住嘴，迈开腿，特别是控制好盐的___8___，切忌‘重口味’，对控制血压尤为重要……”3月2日下午，南京海关一楼会议室“江苏省中医院健康服务走进大光路社区”活动正如火如荼地___9___着，江苏省中医院院长、江苏中西医结合心血管病研究所首席专家、著名心血管病专家方祝元教授告诉大家，早期的高血压可以通过限盐多动来控制。

【8】文中___8___处应该填写的词语是：（　　）

A. 吸收　　B. 提取　　C. 摄入　　D. 使用

【9】文中___9___处应该填写的词语是：（　　）

A. 开始　　B. 进行　　C. 进入　　D. 展示

【10】根据文章，下面哪一项是正确的？（　　）

A. 控制血压最重要的是控制好盐

B. 大光路社区开展了健康服务活动

C. 此项健康服务活动在江苏省中医院举办

D. 早期的高血压可以通过限盐多动来控制

第5课

各具特色的大学生活

阅读1

累并享受着

本已被保送杭州十四中的杭州姑娘王艺燃，先是参加了新加坡四年全额奖学金计划，后来又申请到了美国加州大学洛杉矶分校的商科经济专业。

在加州大学，艺燃的时间总是安排得满满当当，这学期她选了五门课——四门课加上昆曲。她整天都忙于上课、作业、排练、演出。“第7周演出，第11周是考试周，可能一天都睡不到4小时。但即使课程繁忙，我还是经常挤出时间去和教授交流。”艺燃说，“即使有时候会累到力不从心，但努力的过程很享受。在美国读大学，得拼命努力，才能看起来不费力。”艺燃建议想去美国读大学的学弟学妹，选课要量力而行，要有自己对未来的打算和考虑。她说：“用心学才会明白自己想要什么。我现在打算读双学位，这样申请研究生时更有优势。”（304字）

选自网易网，有改动

1. 全额	（名）	quán'é	全部数额的。
2. 昆曲	（名）	kūnqǔ	流行于江苏南部及北京、河北等地的地方戏曲剧种。
3. 双学位	（名）	shuāngxuéwèi	通常指双学士学位，指在获得第一学士学位的基础上，全日制再主修另一学科门类本科专业，达到某高校规定条件后，被授予第二学士学位。与辅修二学位不同，辅修二学位是在本科学习阶段，学习本专业的同时跨学科门类学习辅修另一专业的学位课程，达到规定要求后同时获得另一学科的辅修学士学位，未达到申请学士学位要求者可视相应条件获得辅修结业证书。

练习

一、选择画线词语的恰当解释

1. 在加州大学，艺燃的时间总是安排得满满当当。（ ）
   A. 形容很累的样子　B. 形容很忙的样子
   C. 形容很满的样子　D. 形容很空的样子
2. 但即使课程繁忙，我还是经常挤出时间去和教授交流。（ ）
   A. 找　B. 挤压　C. 排挤　D. 拥挤
3. 即使有时候会累到力不从心，但努力的过程很享受。（ ）
   A. 爱莫能助　B. 有心无力　C. 无能为力　D. 力所能及
4. 艺燃建议想去美国读大学的学弟学妹，选课要量力而行。（ ）
   A. 根据学分的高低决定　B. 按照导师的要求决定
   C. 根据自己的情况决定　D. 按照自己的喜好决定

二、根据课文内容选择正确答案

1. 杭州姑娘王艺燃被保送到：（ ）
   A. 加州大学　B. 洛杉矶大学　C. 杭州十四中　D. 新加坡国立大学
2. 杭州姑娘王艺燃最后去了哪所学校上学？（ ）
   A. 加州大学　B. 杭州十四中　C. 洛杉矶大学　D. 新加坡国立大学
3. 这学期第七周王艺燃在：（ ）
   A. 考试　B. 回国　C. 演出　D. 旅行
4. 王艺燃打算读完本科后：（ ）
   A. 外出旅行　B. 读研究生　C. 参加演出　D. 读双学位

三、根据课文内容回答问题

1. 王艺燃在加州大学是如何安排自己的大学生活的？
2. 王艺燃给了想去美国读大学的学弟学妹哪些建议？

四、自由谈

如果你有机会，你会选择出国留学还是在国内读书？为什么？请谈一谈。

阅读 2

大受欢迎的迎新新风格

“政管宝贝，欢迎加入我们的大家庭！”或许你很难想象，这竟是悬挂在广东外语外贸大学的迎新标语——直呼新生为“宝贝”！首届“90后”大学生入学，不仅自己爱搞新玩意，比如尚未开学，班里的同学已经在QQ群里成了朋友，就连迎接他们的师兄师姐，也玩儿起了“90后”风格，直呼师弟师妹们为“宝贝”。

而在迎新点，“宝贝，欢迎你加入大学城”这样的甜言蜜语，更是屡听不鲜。

“暑假的时候，师兄师姐们就帮我们商务英语学院建立了两个QQ群，给我们介绍学校，方便我们随时咨询。我们在网上聊天儿，好几个人还没见面就混成朋友了呢。”广外商务英语专业的小凯如是说。

这在早些年网络不发达的时候是不可想象的。小凯说，自己还没有到学校，就通过学校的网站和群里学长们的介绍，对学校的宿舍、教学楼、食堂、图书馆等有了大致了解，开学后就很容易适应校园环境了。

“信息时代，‘90后’的孩子很容易在网上寻找到自由、归属感和认同感。”社会学家张思宁表示，“报到前互相认识，提前融入这个新集体，可以在大学生活正式开始后更快适应。”（429字）

选自搜狐新闻，有改动

1. 归属感　（名）　guīshǔgǎn　归属指个体与所属群体间的一种内在联系，是某一个体对特殊群体及其从属关系的划定、认同和维系。归属感则是这种划定、认同和维系的心理表现。

2. 认同感　（名）　rèntónggǎn　指群体内的每个成员对外界的一些重大事件与原则问题通常能有共同的认识与评价。

练习

一、选择画线词语的恰当解释

1. 或许你很难想象，这竟是悬挂在广东外语外贸大学的迎新标语。　（　　）

A. 或者　　B. 也许　　C. 或多或少　　D. 不可或缺

2. 暑假的时候，师兄师姐们就帮我们商务英语学院建立了两个QQ群，给我们介绍学校，方便我们随时咨询。　（　　）

A. 了解　　B. 协商　　C. 询问　　D. 洽谈

3. 广外商务英语专业的小凯如是说。　（　　）

A. 确实　　B. 这样　　C. 肯定　　D. 如何

4. 报到前互相认识，提前融入这个新集体，可以在大学生活正式开始后更快适应。　（　　）

A. 融合　　B. 融洽　　C. 融通　　D. 融解

二、根据课文内容判断正误

1. 首届“90后”大学生入学后建起了QQ群，成了朋友。（　　）
2. 暑假的时候，师兄师姐们就帮商务英语学院的新师弟师妹建立了两个QQ群。（　　）
3. 小凯通过学校的网站和群里学长们的介绍，对学校的宿舍、教学楼、食堂、图书馆等有了大致了解。（　　）
4. 社会学家张思宁认为大学生报到前互相认识，提前融入这个新集体对学生有好处。（　　）

三、根据课文内容回答问题

1. 首届“90后”大学生入学有什么特点？
2. 广外商务英语专业的小凯是通过哪些途径了解学校的？

四、自由谈

现代社会的信息化对你的生活有哪些影响？请谈一谈。

阅读3

外国留学生的中国生活

乌兰来自哈萨克斯坦，现在河南大学国际学院学习汉语。“我假期和同学一起去过郑州和洛阳。河南的这些城市，各有其独特的美。不论走到哪里，河南人都特别好客、特别热情，这或许是中国文化特有的部分。”在乌兰眼里，中国很广阔，文化厚重博大且非常有趣。正是对中国文化的兴趣吸引他来到这里。

“中国和我的家乡虽然有很多不同的地方，但我来到这里之后，很快就习惯了学校的生活。我最爱吃中国的包子。”乌兰说，“除了汉语，我还跟其他的留学生一起练习英语。现在已经交了很多中国朋友。”

来中国已经一年多了，乌兰有了不小的变化。“坦白说，来中国之前我不像现在这么努力学习。我之所以会变得比以前更加奋发上进，很重要的原因就是我身边接触到的中国人做事都特别努力、特别认真。耳濡目染之下，自己也在悄悄发生变化。”

如今，乌兰经常对他的朋友说：“所有做出很大成绩的人，都是伟大的梦想家。”关于未来，乌兰决定大学毕业后留在中国做生意。他说，“中国是有很多机会的国家，我的将来一定会和中国有关。”

印度留学生法伊兹·伊克巴尔·汗今年30岁，两个月前刚来郑州，现在河南工业大学做博士后。他在学校参与了一些项目，进行得很顺利，和几个中国同事还成了朋友。尽管来郑州的时间不长，他已经喜欢上了这个城市，他喜欢吃这里的面食，尤其是烩面。他将在郑州待3年，继续学习、深造。(553字)

选自《郑州日报》，有改动

1. 或许 （副） huòxǔ 也许。
2. 坦白 （动） tǎnbái 如实地说出。
3. 博士后（名） bóshìhòu 指在获得博士学位后，以获得科研经验、提高科研能力为目的，在高等院校或科研机构从事研究工作并继续深造的阶段。也指从事博士后活动的人。
4. 烩面 （名） huìmiàn 中国十大面条之一，有着1300多年的历史。是一种荤、素、汤、菜、饭兼而有之的河南传统美食，以味道鲜美、经济实惠享誉中原，遍及全国。烩面是一种类似宽面条的面食。以优质高筋面粉为原料，辅以高汤及多种配菜，汤好面筋道，营养高。

练习

一、选择画线词语的恰当解释

1. 河南的这些城市，各有其独特的美。 （ ）
   A. 特立独行 B. 独一无二 C. 非常一般 D. 非常靠谱
2. 在乌兰眼里，中国很广阔，文化厚重博大且非常有趣。 （ ）
   A. 狭窄 B. 狭小 C. 宽敞 D. 宽广
3. 耳濡目染之下，自己也在悄悄发生变化。 （ ）
   A. 耳朵经常听到，眼睛经常看到，大家都很熟悉
   B. 耳朵经常听到，眼睛经常看到，让人感到信服
   C. 耳朵经常听到，眼睛经常看到，没有受到任何影响
   D. 耳朵经常听到，眼睛经常看到，不知不觉地受到影响
4. 他将在郑州待3年，继续学习、深造。 （ ）
   A. 进一步学习 B. 进一步调整 C. 进一步宣传 D. 进行深入交流

二、根据课文内容判断正误

1. 乌兰现在河南大学国际学院学习国际贸易。 （ ）
2. 乌兰认为，中国文化厚重博大且非常有趣。 （ ）
3. 乌兰除了学习汉语，还跟其他留学生一起练习英语，现在已经交了很多中国朋友。 （ ）
4. 印度留学生法伊兹·伊克巴尔·汗喜欢吃烩面。 （ ）
5. 乌兰决定大学毕业后回国做生意。 （ ）

三、根据课文内容回答问题

1. 乌兰为什么来到中国？
2. 请简单介绍一下印度留学生法伊兹·伊克巴尔·汗在中国的情况。

四、自由谈

说说来到新的城市、学校学习生活，自己有哪些变化。

阅读4

国外大学生活

在大学时代，同学们总会彼此询问一个同样的问题：这个周末有什么活动吗？那么国外的大学生在周末或者没有课的时候会做什么呢？

争强好胜的日耳曼民族，连休假在欧洲都是“冠军”。据统计，德国人每三天中就有一天休息。而大学生的假期更多，一般来说，每年可享受约一百五十天的假期。于是，周末旅游就成了大学生活中不可缺少的部分。谁让欧洲那么小，景点那么多，就好像北京地铁的下一站似的。因此想在周末把这些好动的号称是“未来战车”的大学生们困在家里是很难的，而德国各级政府的教育部门及诸多大学，也会提供有关咨询服务，协助学生与其他国家的有关机构联系。因为德国大学生的这种旅游出行十分节俭，且主要以学习语言为目的，经费更是平时打工积攒的，这可以让他们帅气地背起行囊看世界。

莎士比亚不愧是英国大学生的偶像，他们爱他爱到骨子里。就连周末，年轻的大学生们也会跑到古老的戏剧院去观看文艺复兴时期的经典剧目，够“绅士”的。当然，大学生中也不乏前卫人士，他们会选择抱上一桶爆米花，在电影院待上整个下午，来度过“愉快”的周末。而英国的诸多大学也十分支持学生的这种爱好，设立各类戏剧和电影社团，并对学生出售低廉的戏票及电影票。休闲艺术两不误，原来“绅士”是这样炼成的。

巴基斯坦的孩子也是在书山题海中长大的。就算读到大学，也依然是学习、学习再学习。没办法，谁叫人多饭碗少呢！大学老师也会像对待小学生一样，学校内课程繁重不说，竟然还会布置家庭作业。因此，巴基斯坦大学生只能周末在家做作业，堪称最苦闷的大学生周末了。就算你是“超人”，可以提前完成这些，那可亲可敬的学生会也会利用周末组织活动，带着“超人”们继续“充电”——参加各类学习辅导班，尤数英语辅导班最火。（708 字）

选自网易网，有改动

1. 争强好胜		zhēngqiáng hàoshèng	争为强者，事事处处都喜欢超过或压倒别人。
2. 行囊	（名）	xíngnáng	行李。
3. 绅士	（名）	shēnshì	旧时在地方上有财有势或得过一官半职的人，以地主和退职官僚居多。现在一般指有现代文明修养的男士。
4. 堪称	（动）	kānchēng	可以称作。

练习

一、选择画线词语的恰当解释

1. 争强好胜的日耳曼民族，连休假在欧洲都是“冠军”。（　　）

   A. 第二　　B. 第一　　C. 第三　　D. 第四

2. 而德国各级政府的教育部门及诸多大学，也会提供有关咨询服务。（　　）

   A. 更多　　B. 很少　　C. 许多　　D. 著名

3. 德国大学生的这种旅游出行十分节俭。（　　）

   A. 生活贫困　　B. 生活困难　　C. 生活俭省　　D. 生活富裕

4. 经费更是平时打工积攒的，这可以让他们帅气地背起行囊看世界。（　　）

   A. 集中　　B. 积蓄　　C. 积极　　D. 连累

5. 英国的诸多大学也十分支持学生的这种爱好，……并对学生出售低廉的戏票及电影票。（　　）

   A. 昂贵　　B. 方便　　C. 方面　　D. 便宜

二、根据课文内容判断正误

1. 据统计，英国人每三天中就有一天休息。（　　）
2. 在德国，周末旅游是大学生活中不可缺少的部分。（　　）
3. 英国大学生会逃课跑到古老的戏剧院去观看文艺复兴时期的经典剧目。（　　）
4. 巴基斯坦的孩子从小学到大学学习任务都很繁重。（　　）

三、根据课文内容回答问题

1. 针对本国大学生旅游，德国各级政府是如何做的？
2. 巴基斯坦大学生是如何度过周末的？

MHK 三级演练

1–10 题，每段文字后有一个或几个问题，每个问题都有 ABCD 四个答案，请阅读后根据每题要求选择唯一正确的答案。

1

文化“走出去”表达了北京试图打造和推动“强大文化实力”的雄心，此类项目目的是向世界讲述中国。

【1】句中画线词语拼音正确的一项是：（　　）

A. 试图（sìtú）　B. 雄心（xióngxīn）　C. 项目（xàngmù）　D. 讲述（jiǎngsù）

2

由法国艺术家保罗·格朗容设计的 1600 只纸制大熊猫开始在泰国巡回展出。巡展首站为曼谷大皇宫前的皇家田广场，之后还将陆续在曼谷与大城的其余九处地点展出，整个展览将持续至 4 月 10 日。“纸制大熊猫世界之旅”活动创办于 2008 年，由世界自然基金会和法国艺术家保罗·格朗容联合发起，以回收的废纸和鸡蛋壳为材料，设计制作 1600 只形态各异、表情丰富的大熊猫，象征着创作之时世界上仅存的 1600 余只大熊猫，在全球多个城市巡回展出，旨在呼吁人们保护环境与野生动物。

【2】下面哪一项最适合做这段话的标题？（　　）

A. 1600 只纸制大熊猫　B. 纸质熊猫军团巡泰国

C. 艺术家呼吁保护环境与野生动物　D. 法国艺术家保罗·格朗容推出新作品

3–5

“2015 年度最具世界影响力的中国品牌榜”和“2015 年度中国品牌新锐榜”榜单正式__3__。华立、娃哈哈、完美、长安汽车、一汽红旗、国家电网、苏宁云商、格力电器、波司登、爱康国宾等 10 家企业获得“2015 年度最具世界影响力的中国品牌”大奖。特锐德、中科曙光、朗坤、倍杰特、清新环境、首汽租车、协鑫集成、易瓦特等 8 家企业获得“2015 年度中国品牌新锐奖”。

【3】文中__3__处应该填写的词语是：（　　）

A. 通知　B. 宣布　C. 揭晓　D. 宣传

【4】根据这段话，可以知道“2015 年度最具世界影响力的中国品牌榜”中有：（　　）

A. 京东　B. 娃哈哈　C. 神州租车　D. 阿里巴巴

【5】下面哪家企业没有获得“2015 年度中国品牌新锐奖”？（　　）

A. 特锐德　B. 易瓦特　C. 绿色使者　D. 清新环境

6–7

"中新（重庆）项目是中国和新加坡第三个政府间的合作（6）项目，与前两个项目不同的是，这个项目建立在中国内陆，将对中国中西部地区起到辐射带动作用。"全国人大代表、重庆市两江新区管委会常务副主任汤宗伟说，"尽管项目的运营基地在重庆，但它的意义是全国性的。它__7__中国内陆地区思想解放、观念更新、人才聚集和前沿技术的发展。"

【6】根据文意，可以替换文中画线词语"合作"的词语是： （ ）

A. 和解　B. 合营　C. 配合　D. 互助

【7】文中__7__处应该填写的词语是： （ ）

A. 推动　B. 推进　C. 促进　D. 促使

8–10

__8__"中国特色"的精酿啤酒是行业内的一大趋势，但也有__9__与这一趋势保持距离的酿酒师。瑞典人托马斯·耶斯塔迪乌斯和英国人威尔·约克就对在啤酒中特地加入中国口味或中国香料的做法提出__10__。如今他们的顾客大多来自其他国家，"中国人随之而来"。他们表示不会改变产品风格来讨好中国市场，他们并不担心会被贴上"太简单"或"没有中国味道"的标签，他们相信，产品好，顾客自然就会上门。

【8】文中__8__处应该填写的词语是： （ ）

A. 研究　B. 思考　C. 制作　D. 品尝

【9】文中__9__处应该填写的词语是： （ ）

A. 刻意　B. 故意　C. 有意　D. 无意

【10】文中__10__处应该填写的词语是： （ ）

A. 批评　B. 表扬　C. 赞许　D. 赞扬

第6课

人生启示

阅读1

地球是一个宾馆

有个老人今年96岁，我在电视上见过他。老人精神矍铄，白髯飘飘。老人不缺钱，他的一个字可以卖到一万元，可是他没有住房，只在北京东郊的一家宾馆里租了两个房间，在这里，他读书、吟诗、做学问。

他说：地球是一个宾馆，一个大客栈，生活在地球上的每个人都不过是过客，来了，又匆匆地走了，最后什么也没有带去。他还说：连身体都不是你的，还有什么是你的呢？所以，要那么多房子干什么，有个地方吃就行了，有个地方住就行了。

老人叫文怀沙，我国著名的国学大师、楚辞泰斗。

这份超然，这种境界，世间有几人能达到？（240字）

摘自《燕赵晚报》，发表于2006年第15期《意林》，邹扶澜、林凌韬

1. 精神矍铄 jīngshén juéshuò 矍：惊视的样子。矍铄：形容老人目光炯炯、精神健旺，老而强健。精神矍铄：指老人有精神，老而强健，不失风采。
2. 过客 （名） guòkè 经过或路过的客人。
3. 泰斗 （名） tàidǒu 泰山北斗的简称。人们常用泰山北斗比喻在德行或事业的成就方面为众人所敬仰的人。

练习

一、选择画线词语的恰当解释

1. 老人精神矍铄，白髯飘飘。 （　　）

   A. 头发　B. 胡子　C. 眉毛　D. 衣袖

2. 在这里，他读书、吟诗、做学问。 （　　）

A. 唱 B. 叹息 C. 鸣叫 D. 诵读

3. 地球是一个宾馆，一个大客栈。 ( )

A. 桥 B. 客厅 C. 旅店 D. 道路

4. 这份超然，这种境界，世间有几人能达到？ ( )

A. 超脱 B. 超过 C. 速度快 D. 高超

二、根据课文内容选择正确答案

1. 文章中说的老人是谁？ ( )

A. 文怀沙 B. 著名主持人 C. 作者的朋友 D. 作者的老师

2. 老人不买房的原因是： ( )

A. 没有钱 B. 喜欢住宾馆 C. 认为有地方住就行 D. 没找到满意的房子

3. 老人认为地球是什么？ ( )

A. 宾馆 B. 运动场 C. 盖住房的地方 D. 做学问的地方

4. 关于老人，下面哪一项不正确？ ( )

A. 擅长书法 B. 身体很好 C. 买不起房 D. 国学大师

三、根据课文内容回答问题

1. 请介绍一下文中的老人。

2. 文中的老人为什么不买房？

四、自由谈

你认为成家后应该买房还是不应该买房？为什么？

阅读2

明天的落叶摇不下来

有一个男孩儿，他的家附近有一片树林。

起风时，林中的树叶随风漫天飞舞，时而会飞进他家的厅堂和灶间。于是，小男孩儿的父亲便要他每天上学之前将落叶打扫干净。对他来说，天刚亮就起床打扫落叶当然是一件苦差事。

后来，男孩儿从同学那里得到了一个好主意：在打扫之前，先把树使劲摇晃几下，这样就可以将第二天要落的树叶摇下来。如此一来，岂不省事许多？这个主意令男孩儿兴奋不已。于是他起了个大早，扫地之前使劲地将树摇了又摇。摇到一半时，他便气喘吁吁了。这时男孩儿才发现摇树比扫地还要累，尤其是把那些没有泛黄的叶子摇落，真不是件容易的事。但男孩儿毕竟做了一件让自己满意的事，那一天他非常开心。第二天，他起得更早，谁知他到林间一看，依然是落叶满地。男孩儿顿时傻了眼，可他仍不死心，照旧抱树摇了又摇，而且更用劲了。但无论男孩儿怎样使劲，次日清晨还是满地的落叶。男孩儿站在满地的落叶中，顿时感悟到"无论自己怎么摇，明天的落叶也不会在今天落下来"的道理。

其实，明天对于我们永远只是一个模糊的概念，但今天却清楚地在我们眼前；属于明天的事情，我们不能寄望在今天全部完成，正如不能一步登天一样。

因此，无论未来有多么远大的理想，把握今天，充实今天，才是生命中最实在的态度。（509字）

1. 苦差事 kǔ chāishi 指辛苦而得不到什么好处的工作。
2. 气喘吁吁 qìchuǎn xūxū 形容呼吸急促，大声喘气。
3. 傻眼 （动） shǎ//yǎn 因事出意外而目瞪口呆，不知怎么办才好。

练习

一、选择画线词语的恰当解释

1. 起风时，林中的树叶随风漫天飞舞。（ ）
   A. 高空 B. 雨天 C. 满天 D. 天空
2. 如此一来，岂不省事许多？（ ）
   A. 不能 B. 不行 C. 难道不 D. 完全不
3. 尤其是把那些没有泛黄的叶子摇落，真不是件容易的事。（ ）
   A. 陈旧 B. 变黄 C. 深黄色 D. 浅黄色
4. 可他仍不死心，照旧抱树摇了又摇，而且更用劲了。（ ）
   A. 过去 B. 继续 C. 按照要求 D. 像原来一样

二、根据课文内容选择正确答案

1. 男孩儿家在哪里？（ ）
   A. 学校附近 B. 公园附近 C. 树林附近 D. 城市郊区
2. 对男孩儿来说，打扫落叶是一件什么样的事？（ ）
   A. 辛苦的事 B. 愉快的事
   C. 兴奋的事 D. 有意义的事
3. 什么让男孩儿兴奋不已？（ ）
   A. 遍地的落叶 B. 漫天飞舞的落叶
   C. 父亲安排的任务 D. 提前摇下落叶的想法

4. 男孩儿采用新办法扫落叶后，第二天是什么情况？（ ）

A. 地上没有落叶了 B. 还是满地的落叶 C. 树都被摇晃死了 D. 地上只有少量落叶

三、根据课文内容回答问题

1. 男孩儿为什么要扫落叶？

2. 男孩儿努力了两天之后，感悟到了什么？

四、自由谈

你怎样理解文中“无论自己怎么摇，明天的落叶也不会在今天落下来”这句话的？请结合自己的实际谈一谈。

阅读3

苏格拉底与学生的故事

几个学生问哲学家苏格拉底：“人生是什么？”

苏格拉底把他们带到一片苹果树林，要求大家从树林的这头走到那头，每人挑选一个自己认为最大最好的苹果，不许走回头路，不许选择两次。

在穿过苹果林的过程中，学生们认真细致地挑选自己认为最好的苹果。等大家来到苹果林的另一端时，苏格拉底已经在那里等候他们了。他笑着问学生：“你们挑到自己最满意的果子了吗？”大家你看看我，我看看你，都没有回答。

苏格拉底见状，又问：“怎么啦，难道你们对自己的选择不满意？”

“老师，让我们再选择一次吧。”一个学生请求说，“我刚走进果林时，就发现了一个很大很好的苹果，但我还想找一个更大更好的。当我走到果林尽头时，才发现第一次看到的那个就是最大最好的。”

另一个接着说：“我和他恰好相反。我走进果林不久，就摘下一个我认为最大最好的果子，可是，后来我又发现了更好的。所以，我有点儿后悔。”

“老师，让我们再选择一次吧！”其他学生也不约而同地请求。

苏格拉底笑了笑，语重心长地说：“孩子们，这就是人生——人生就是一次无法重复的选择。”

面对无法回头的人生，我们只能做三件事：郑重地选择，争取不留下遗憾；如果遗憾了，就理智地面对它，然后争取改变；假若也不能改变，就勇敢地接受，不要后悔，继续朝前走。（518字）

摘录自龚咏雨《重大人生启示录2013版》

1. 不约而同　bùyuē'értóng　约：商量。事先没有商量而相互一致。
2. 语重心长　yǔzhòng-xīncháng　言辞诚恳，情意深长。
3. 郑重　（形）　zhèngzhòng　严肃认真。

练习

一、选择画线词语的恰当解释

1. 学生们认真细致地挑选自己认为最好的苹果。（　　）
   A. 精确　B. 努力　C. 细心　D. 精细
2. 苏格拉底见状，又问："怎么啦，难道你们对自己的选择不满意？"（　　）
   A. 看见　B. 看到形状　C. 看出情况　D. 看见这种情形
3. 郑重地选择，争取不留下遗憾。（　　）
   A. 不满　B. 缺失　C. 悔恨　D. 歉疚
4. 如果遗憾了，就理智地面对它，然后争取改变。（　　）
   A. 合理　B. 冷静　C. 勇敢　D. 智慧

二、根据课文内容判断正误

1. 听了学生的问题，苏格拉底马上做出了回答。（　　）
2. 苏格拉底让学生从树林这头走到那头，挑自己认为最大最棒的苹果。（　　）
3. 学生一到果园都挑到了自己满意的果子。（　　）
4. 只有一个学生没挑到自己满意的果子。（　　）
5. 学生们都要求重新选择一次。（　　）

三、根据课文内容回答问题

1. 苏格拉底是怎样回答学生的提问的？
2. 学生对自己的选择满意吗？
3. 这个故事告诉我们一个什么道理？

四、自由谈

你同意文中"人生就是一次无法重复的选择"这句话吗？请谈谈你对这句话的理解。

阅读4

物竞天择　适者生存

阳春三月，万物争春，正是踏青的好时节。恰巧，有老同学邀我去爬山，便欣然前往。

刚到山脚，一阵阵带着青草味和泥土气息的空气就钻入我的鼻孔，令人精神为之一振。连我这个久居此地的人也感觉注入了能量，全身充满了活力。在繁忙的都市待久了的城里人，更是渴望回归大自然。每到周末，这里就成了都市人心驰神往的地方。他们轻装简行，从四面八方纷至沓来，给这寂静的大山增添了无穷的活力。

我们沿着一条崎岖不平的山路向上攀登。山路崎岖且有点儿陡，给登山者增添了不少的麻烦。我们一路走一路聊，倒也不觉得很累。有时候碰到其他的人群，也会相互聊上几句。在大自然的怀抱里，一切似乎都变得亲切、友善了。

约莫行了半小时，大伙儿稍显疲惫，便找一块大石头小憩一下。这时候，我才有工夫认真欣赏周围的风景。我忽然觉察一路走来，周围的灌木和杂草长得并没有想象中的茂盛，倒是这山上的树木比山脚下的树要高大挺拔得多。

我仔细揣摩个中缘由，终于明白了其中的原因。由于山上树木栽种的密度比较大，树与树之间的间隔非常小，树枝横向伸展的空间受到限制，只能向上延伸了。这时候，茂密的树叶早已是遮天蔽日，浓荫华盖，即使外面艳阳高照，走在山间小路上却是阴凉舒适。这些树要想获取更多的阳光雨露，就必须一个劲地向上生长。越是到后来，争夺就越激烈，越残酷。为了生存，它们只能把全部的精力和能量都集中在向上延伸上，自然也就无暇，也没有能力再去节外生枝了。这也就是为什么这些树顶端异常茂盛，而下面没有旁枝的原因了。在其间，有几棵稍矮些的树因为缺少阳光，早已经枯死了。这令我心生震撼，没想到在这平静祥和的大自然里，竞争也是如此的激烈。

“物竞天择，适者生存。”其实人也是一样。在逆境中成长的人，为了生存，会想方设法提高自己适应环境的能力，锻炼出自强不息的意志品质。一旦时机成熟，必将大展宏图，成为争相抢夺的人才……（766字）

选自短文学网

1. 心驰神往 xīnchí-shénwǎng 心神奔向所向往的事物。形容一心向往。
2. 纷至沓来 fēnzhì-tàlái 连续不断地到来。
3. 遮天蔽日 zhē tiān bì rì 遮蔽天空和太阳。
4. 浓荫华盖 nóngyīn huágài 树荫厚重面积大，基本完全遮住了整个太阳。

练习

一、选择画线词语的恰当解释

1. 阳春三月，万物争春，正是踏青的好时节。 (　　)

A. 踩春　　B. 春游　　C. 踩草地　　D. 游戏名称

2. 他们轻装简行，从四面八方纷至沓来，给这寂静的大山增添了无穷的活力。 (　　)

A. 不穷　　B. 无限　　C. 穷尽　　D. 穷困

3. 我们沿着一条崎岖不平的山路向上攀登。 (　　)

A. 陡峭　　B. 艰难　　C. 悬崖　　D. 不平坦

4. 我仔细揣摩个中缘由，终于明白了其中的原因。 (　　)

A. 门路　　B. 由于　　C. 原因　　D. 办法

5. 约莫行了半小时，大伙儿稍显疲惫，便找一块大石头小憩一下。 (　　)

A. 喘气　　B. 放松　　C. 很少休息　　D. 短暂休息

6. 自然也就无暇，也没有能力再去节外生枝了。 (　　)

A. 来不及　　B. 没有空闲　　C. 忙不过来　　D. 没有假期

二、根据课文内容判断正误

1. 作者和几个大学同学一起去爬山。 (　　)
2. 作者曾是山里人，所以喜欢山里的气息。 (　　)
3. 虽然山路很不好走，但是他们走一会儿休息一会儿，所以不觉得很累。 (　　)
4. 山脚下的树没有山上的树高大挺拔。 (　　)
5. 环境越恶劣，越能锻炼我们的意志品质。 (　　)

三、根据课文内容回答问题

1. 作者为什么要去爬山？
2. 作者欣赏周围的风景，发现了什么情况？
3. 为什么山上的树木比山脚下的要高大挺拔得多？
4. 这篇文章告诉我们一个什么道理？

MHK 三级演练

1–10 题，每段文字后有一个或几个问题，每个问题都有 ABCD 四个答案，请阅读后根据每题要求选择唯一正确的答案。

1

世上还有什么东西比那些把最高贵的人引到了最没落的下场的朋友们更可恶的！——莎士比亚

【1】句中画线词语拼音正确的一项是： ( )

A. 高贵（gāoguèi） B. 没落（mòluò）

C. 下场（xiàqiǎng） D. 可恶（kě'è）

2

很多人觉得房子越大越好，车子越贵越显身份。如果把装修房子、买车的费用省出百分之五给孩子买书，你的孩子可能会多读一百本高价图书；如果省出百分之十，你的孩子就可能大大超出现在课标要求的阅读量而成为同龄人中的佼佼者。然而，现实是我们的家长宁愿负债也要把房子装得漂亮点儿，却不懂得少奢侈一点儿来投资在孩子的阅读上。没有书香的房子俗而不雅，没有阅读的教育败絮其中。尊敬的家长，请记住：对孩子的成长，豪华的装修不如几本破旧的书，书是家中最美的装修。

【2】下面哪一项最适合做这段话的标题？ ( )

A. 买房买车不如买书 B. 书是家中最美的装饰

C. 建议人们把装修的钱用来买书 D. 人们越来越趋于追求物质享受

3–5

我们每个人的人生也好比这一片片不同的树叶，__3__得各自经历一些什么，不然就会变得十分苍白。我的一个同学，家庭条件很好，他从小就有些娇气，在同学中优越感非常强。当我们为一日三餐忙得天昏地暗时，他却是养尊处优一副不食人间烟火的样子。直到有一天他父亲车祸去世，家庭的重担一下子落在他的身上。他从小事做起，跑业务，拉赞助，聚人脉，不到一年的工夫，他像换了一个人一样，昔日的大孩子变成了坚毅的男子汉。他经历了__4__，却开启了另外的一种人生模式。

【3】文中__3__处应该填写的词语是： ( )

A. 定 B. 非 C. 可 D. 省

【4】文中__4__处应该填写的词语是： ( )

A. 困难 B. 变化 C. 改变 D. 磨难

【5】根据这段话可以知道： ( )

A. “我”的同学整容了 B. “我”的同学家庭条件优越

C. “我”的同学开了公司做生意 D. “我”的同学家庭生活发生了变故

6–7

“所有真实的都是朴素无华的”，所有人的人生都是平凡的。——还不止于此，你所羡慕（6）的那些你未得到、你渴望得到的一切幸福，不止于平凡，而且在愿望实现者来看，并没有幸福，只有平静和愿望满足后长久的__7__无聊。你需要一种不平凡的生命，则唯有在非功利的“永恒世界”中去寻找。

【6】根据文意，可以替换“羡慕”的是： ( )

A. 爱慕　B. 眼红　C. 嫉妒　D. 向往

【7】文中__7__处应该填写的词语是：（　）

A. 充实　B. 空虚　C. 满足　D. 寂寞

8–10

葛吉夫在巴黎建立过一所人类发展__8__所，并经常在此给学生们讲课。每当葛吉夫讲课时，课堂上都是座无虚席，学生们听得很认真。不过，有一位脾气__9__的老头儿，经常和葛吉夫__10__反调，葛吉夫在上面讲，他就在下面不停地抱怨老师讲得差劲，说老师的话根本没有科学依据，是个徒有虚名的家伙。

【8】文中__8__处应该填写的词语是：（　）

A. 研究　B. 调查　C. 科学　D. 探索

【9】文中__9__处应该填写的词语是：（　）

A. 坏　B. 奇怪　C. 古怪　D. 任性

【10】文中__10__处应该填写的词语是：（　）

A. 说　B. 唱　C. 叫　D. 做

第7课

与智者的对话

阅读 1

师傅和徒弟

一位师傅问他的徒弟："这个房间里你最喜欢什么？"

机灵的徒弟指指酒杯。酒杯是以黄金和大理石制成的，肯定价值不菲。

"那好，拿走它吧。"师傅说。

徒弟不等吩咐第二遍，立刻用右手紧紧抓住了那个酒杯。

"你不想放开它吧？"师傅接着问，"没有别的你喜欢的了吗？"徒弟承认，桌上那个胀鼓鼓的钱袋，也不惹他讨厌。

"没关系，你也拿去吧。"师傅说道。

于是徒弟又用左手夺过钱袋。"现在呢？"他有点儿紧张地问师傅。

"现在你挠挠自己看。"

徒弟当然做不到了，除非他能放下自己紧抱的东西！我们紧紧抓住的东西，也用它的方式把我们抓住了，如何行事不过头，才是更需注意的问题。

我们手中所拥有的物品，同时也在占有着我们。因为双手和灵魂都占满了财物而不得空闲，当突然感到奇痒难耐时，竟不知用什么来抓挠。

生活远比我们预想的复杂，因为双手不仅要用来捡拾，还要用来抓挠和抚摸。我们除了相信要"做自己想做的事"，还要"给自己一份好生活"。（392 字）

摘自《伦理学的邀请——做个好人》，选自 2009 年第 9 期《意林》，于施、石景琼

1. 挠 （动） náo 搔，轻轻抓。
2. 过头 （形） guò//tóu 超过限度。

练习

一、选择画线词语的恰当解释

1. 酒杯是以黄金和大理石制成的，肯定价值不菲。（ ）
   A. 用 B. 以为 C. 因为 D. 由于
2. 酒杯是以黄金和大理石制成的，肯定价值不菲。（ ）
   A. 不够 B. 昂贵 C. 很少 D. 不多
3. 当突然感到奇痒难耐时，竟不知用什么来抓挠。（ ）
   A. 难受 B. 磨难 C. 不耐用 D. 难以忍受
4. 生活远比我们预想的复杂。（ ）
   A. 距离大 B. 时间长 C. 程度深 D. 问题深奥

二、根据课文内容选择正确答案

1. 徒弟为什么最喜欢酒杯？（ ）
   A. 他喜欢喝酒 B. 酒杯价格不菲
   C. 酒杯是金子做的 D. 酒杯是大理石制成的
2. “桌上那个胀鼓鼓的钱袋，也不惹他讨厌。”这句话的意思是：（ ）
   A. 他讨厌那个钱袋子 B. 他喜欢那个钱袋子
   C. 钱袋子里的钱太多了 D. 他不知道钱袋子里有多少钱
3. 师傅想告诉徒弟：（ ）
   A. 手是用来抓挠的 B. 能拿多少就拿多少
   C. 财物会限制我们的行动 D. 行事不要过头，要留有余地
4. 本文最后一段告诉我们：（ ）
   A. 生活很复杂 B. 要懂得取舍
   C. 把手里的东西都放下 D. 要一个手拿财物，一个手抓挠

三、根据课文内容回答问题

1. 徒弟双手拿满了东西还能抓挠吗？
2. 本文想说明一个什么道理？

四、自由谈

对于你来说，生活中什么是最重要的？请谈一谈。

阅读 2

一念之间

两个不如意的年轻人，一起去请教一位老前辈。“我们在办公室被欺负，太痛

苦了，我们是不是该辞掉工作？”两个人一起问。

老前辈闭着眼睛，隔半天，吐出五个字：“不过一碗饭。”就挥挥手，示意年轻人退下了。

回到公司，一个人马上递上辞呈，上面写着：回家种田。另一个却没动。

日子真快，转眼十年过去。回家种田的，以现代方法经营，加上品种改良，居然成了农业专家。另一个留在公司里的，也不差，他忍着气，努力学，渐渐受到器重，已经成为经理。

有一天两个人遇到了。“奇怪，老前辈给我们同样‘不过一碗饭’这五个字，我一听就懂了。不过是一碗饭嘛，日子有什么难过，何必硬赖在公司？所以我辞了职。”农业专家问另一个人，“你为什么没听老前辈的话呢？”

“我听了啊。”那经理笑道，“师傅说‘不过一碗饭’，所以不管多受气、多受累，我只要想不过是为了有碗饭吃，老板安排什么工作就做什么工作，少赌气，少计较，就成了。老前辈不是这个意思吗？”两个人去拜望老前辈，老前辈仍然闭着眼睛，隔了半天，答了五个字：“不过一念间。”然后，挥挥手……（442 字）

1. 隔　（动）　gé　　在时间或空间上有一段距离。
2. 辞呈　（名）　cíchéng　　辞职报告。
3. 改良　（动）　gǎiliáng　　去掉事物的某些缺点，使之更适合要求。

练习

一、选择画线词语的恰当解释

1. 两个不如意的年轻人，一起去请教一位老前辈。（　　）
   A. 示意　　B. 满意　　C. 心意　　D. 得意
2. 回家种田的，以现代方法经营，加上品种改良，居然成了农业专家。（　　）
   A. 固然　　B. 必然　　C. 竟然　　D. 显然
3. 他忍着气，努力学，渐渐受到器重，已经成为经理。（　　）
   A. 厚重　　B. 重视　　C. 理解　　D. 珍惜
4. 不过一念间。（　　）
   A. 读　　B. 说　　C. 思念　　D. 念头

二、根据课文内容判断正误

1. 两个年轻人一开始很不如意。（　　）
2. 老前辈的意思是让他们辞职。（　　）
3. 十年后两个年轻人都成功了。（　　）

4. 两个年轻人对老前辈的话都有各自的理解。 （　　）
5. 两个年轻人都理解错了老前辈的意思。 （　　）

三、根据课文内容回答问题

1. 你是怎么理解“不过一碗饭”这句话的？
2. 十年后两个年轻人的情况怎么样？

四、自由谈

你认为两个年轻人成功的原因是什么？如果是你会怎么做？

阅读3

怎样把水烧开

一位青年满怀烦恼地去找一位导师。他大学毕业后，曾豪情万丈地为自己树立了许多目标，可是几年下来，依然一事无成。

找到导师时，导师正在河边的小屋里读书。导师微笑着听完青年的倾诉，对他说：“来，你先帮我烧壶开水。”

青年看见墙角放着一把极大的水壶，旁边是一个小火灶，可是没发现柴火，于是便出去找。

他在外面拾了一些枯枝回来，装满一壶水，放在灶台上，在灶内放了一些柴便烧了起来。可是由于壶太大，那捆柴烧尽了，水也没开。于是他跑出去继续找柴，回来的时候那壶水已经凉得差不多了。这回他学聪明了，没有急于点火，而是再次出去找柴，由于柴准备充足，水不一会儿就烧开了。

导师忽然问他：“如果没有足够的柴，你该怎样把水烧开？”

青年想了一会儿，摇了摇头。导师说：“如果那样，就把水壶里的水倒掉一些！”

青年若有所思地点了点头。

导师接着说：“你一开始踌躇满志，树立了太多的目标，就像这个大水壶装了太多水一样，而你又没有足够的柴，所以不能把水烧开。要想把水烧开，你或者倒出一些水，或者先去准备柴！”

青年恍然大悟。（436字）

选自新浪微博，有改动

1. 豪情万丈 háoqíng wànzhàng 形容勇往直前的气概。
2. 火灶 （名） huǒzào 火炉子。
3. 捆 （量） kǔn 用于捆起来的东西。

练习

一、选择画线词语的恰当解释

1. 可是几年下来，依然一事无成。 （ ）
   A. 一件事没完成 B. 一件事也不做 C. 什么事都做不成 D. 一次也没有成功
2. 导师微笑着听完青年的倾诉。 （ ）
   A. 诉苦 B. 解释 C. 充满悲伤地诉说 D. 把心里话都说出来
3. 青年若有所思地点了点头。 （ ）
   A. 想了很多 B. 什么也不想 C. 认真地思考 D. 好像在思考着什么
4. 你一开始踌躇满志，树立了太多的目标。 （ ）
   A. 觉得自己什么都能干 B. 对取得的成就非常得意
   C. 对自己的未来十分迷茫 D. 对未来的目标犹豫不决

二、根据课文内容判断正误

1. 开始水没烧开是由于柴不够。 （ ）
2. 青年始终没法烧开那一大壶水。 （ ）
3. 青年烧开了水是由于把壶里的水倒掉了一些。 （ ）
4. 青年没有成功是由于树立了许多目标，却没有足够的知识。 （ ）
5. 文章用很大的水壶和小火灶比喻很大很多的目标和很少的努力。 （ ）

三、根据课文内容回答问题

1. 青年为什么去找导师？
2. 导师为什么让青年烧壶开水？

四、自由谈

你认为青年能把水烧开的原因是什么？你遇到过类似的情况吗？你是怎么做的？

阅读 4

做事先做人

一家公司需要招聘一名技术工程师，有一个叫王浩的年轻人去面试。他在一间空旷的会议室里忐忑不安地等待着，不一会儿，有一个相貌平平、衣着朴素的老者进来了，王浩站了起来。那位老者盯着王浩看了半天，眼睛一眨也不眨。正在王浩不知所措的时候，老人一把抓住王浩的手说："我可找到你了，太感谢你了！上次要不是你，我可能再也看不到我的女儿了。""对不起，我不明白你的意思。"王浩一脸迷惑地说道。

"上次，在中央公园，就是你，就是你把我失足落水的女儿从湖里救上来的！"老人肯定地说道。王浩明白了事情的原委，原来老人把自己当成他女儿的救命恩人了。"先生，你肯定认错了！不是我救了你的女儿！"王浩诚恳地说道。"是你，就是你，不会错的！"老人又一次肯定地说。王浩面对这个对他感激不已的老人只能做些无谓的解释："先生，真的不是我！你说的那个公园我至今还没有去过呢！"听了这句话，老人松开了手，失望地望着王浩说："难道我认错了？"王浩安慰老人说："先生，别着急，慢慢找，一定可以找到救你女儿的恩人的！"

后来，王浩接到了录取通知书。有一天，他又遇到了那个老人。王浩关切地跟他打招呼，并询问道："你女儿的救命恩人找到了吗？""没有，我一直没有找到他！"老人默默地走开了。

王浩心里很沉重，对旁边的一位司机说起了这件事。不料那司机哈哈大笑："他可怜吗？他是我们公司的总裁，他女儿落水的故事讲了好多遍了，事实上他根本就没有女儿！"

"噢？"王浩大惑不解。那位司机接着说："我们总裁就是通过这件事来选拔人才的。他说过有德之人才是可塑之才！"（673 字）

选自新浪微博，有改动

1. 忐忑不安　tǎntè bù'ān　忐忑：心神不定。心神极为不安。
2. 不知所措　bùzhī-suǒcuò　不知道怎么办才好。形容处境为难或心神慌乱。
3. 大惑不解　dàhuò-bùjiě　感到非常迷惑，不能理解。

练习

一、选择画线词语的恰当解释

1. 就是你把我失足落水的女儿从湖里救上来的！（　　）

   A. 走错路　　B. 不小心跌倒　　C. 腿脚有毛病　　D. 行为不庄重

2. 王浩明白了事情的原委，原来老人把自己当成他女儿的救命恩人了。（　　）

   A. 始末　　B. 原因　　C. 先后顺序　　D. 原来的样子

3. “先生，你肯定认错了！不是我救了你的女儿！”王浩诚恳地说道。　（　　）

A. 真诚　B. 诚实　C. 急切　D. 热情

4. 王浩面对这个对他感激不已的老人只能做些无谓的解释。　（　　）

A. 假装的　B. 无所谓　C. 没有意义　D. 没有目的

5. 老人默默地走开了。　（　　）

A. 悄悄　B. 不出声　C. 暗暗地　D. 不得意

6. 不料那司机哈哈大笑。　（　　）

A. 预料　B. 意料　C. 没想到　D. 不知道

二、根据课文内容判断正误

1. 王浩从来没有在公园里救过人。　（　　）
2. 公司的总裁是一个相貌平平、衣着朴素的老者。　（　　）
3. 总裁的女儿在公园不慎落水被人救起。　（　　）
4. 总裁编故事是为了考验应聘者是否诚实。　（　　）
5. 是司机告诉了王浩事情的真相。　（　　）

三、根据课文内容回答问题

1. 王浩去会议室做什么？
2. 王浩在会议室等待时遇到了谁？他对王浩说了什么？
3. 老者为什么说王浩救了他的女儿？
4. 最后的真相是怎样的？

MHK 三级演练

1-10 题，每段文字后有一个或几个问题，每个问题都有 ABCD 四个答案，请阅读后根据每题要求选择唯一正确的答案。

1

他们来到一个深不见底的峡谷，两边是悬崖峭壁，中间只有一块摇摇晃晃的薄木板架在上面。

【1】句中画线词语拼音正确的一项是：　（　　）

A. 峡谷（jiágǔ）　B. 悬崖（xuánái）　C. 峭壁（xiàobì）　D. 薄（báo）

2

我的家乡盛产茶油，漫山遍野的油茶树是我记忆中最温馨的一幕。

油茶树，是我家乡最常见的树种。它和松树长期和谐地共存在一起，分层利用空间。而近二十多年来，松树撤出了，油茶树这种灌木却仍然顽强地坚守着阵地。油茶树在园林鉴赏者眼里是非常不起眼儿的，它没有完美怪异的树形，没有绮丽的色彩，它像一位质朴的村姑，身穿的是农家自制的粗布衣裳，扎着马尾辫，顶多插一朵家乡的野花，超凡脱俗，纯天然地生活在那片没有喧嚣的世界里。但它却总是让家乡的人们惦念着。

【2】下面哪一项最适合做这段话的标题？（　　）

A. 我的家乡　　B. 家乡的油茶树　　C. 油茶树的特点　　D. 美丽的油茶树

3–5

真正像电影里一样遇上生死攸关的事件的情况___3___很少，大多数时候往往是由于不满而抱怨：夫妻抱怨对方不做家务，职工抱怨单位待遇不合理，父母抱怨子女不努力，抱怨社会不公平……。人终归是社会的人，总有不尽如人意的地方，有抱怨的情绪很正常。关键是你得衡量一下，眼前的事情是不是因为抱怨就可以不处理的，如果不是，那发几句牢骚也就过了，先静下心来处理完手头的事情再说吧。我每天开车上班的时间都听一个电台，记得有一段时间里，电台里的主题就是"不抱怨"，这样很好，提醒大家从每天清晨都要有一个平和的心态。

【3】文中___3___处应该填写的词语是：（　　）

A. 竟然　　B. 必然　　C. 毕竟　　D. 必定

【4】根据这段话可以知道：（　　）

A. 抱怨不影响心情　　B. 抱怨不解决问题

C. 人人都应该抱怨　　D. 生活中到处都是抱怨

【5】这段话主要想告诉我们：（　　）

A. 不要抱怨太多　　B. 生活中的烦恼太多

C. 抱怨不解决问题　　D. 有不如意就抱怨很正常

6–7

友谊需要滋养。有的人用钱，有的人用汗，还有的人用心。友谊是很贪婪的，绝不会满足于餐风饮露。友谊是最简朴（6）同时也是最奢侈的营养，需要用时间去灌溉。友谊必须述说，友谊必须倾听，友谊必须交谈的时刻双目凝视，友谊必须倾听的时候___7___。

【6】根据文意，可以替换"简朴"的词语是：（　　）

A. 简明　　B. 一般　　C. 平凡　　D. 朴素

【7】文中___7___处应该填写的词语是：（　　）

A. 全神贯注　　B. 一心一意　　C. 凝神静气　　D. 心猿意马

8–10

现代人的友谊，很坚固又很___8___。它是人间的宝藏，需要我们珍爱。友谊的不可传递性，决定了它是一部孤本的书。我们可以和不同的人有不同的友谊，但我们不会和同一个人有不同的友谊。

友谊是一条越掘越深的巷道，没有回头路可以走的，刻骨铭心的友谊会让人没齿___10___。

【8】文中＿8＿处应该填写的词语是：（　　）

A. 软弱　　B. 薄弱　　C. 脆弱　　D. 微弱

【9】“友谊的不可传递性，决定了它是一部孤本的书”中“孤本”是什么意思？（　　）

A. 珍贵的图书资料　　B. 装帧高档的图书资料

C. 刻印精良的书本　　D. 仅留有一份的有价值的书本

【10】文中＿10＿处应该填写的词语是：（　　）

A. 忘怀　　B. 消失　　C. 遗忘　　D. 难忘

第8课

成长需要历练

阅读1

蝴蝶的茧

朋友送给我一个蝴蝶的茧，据说它会变成一只紫色的美丽蝴蝶。

一天，那茧破了一个小口，我坐在桌子前，仔细地看着它想要破茧而出。好像母亲分娩一样，那个看不清形状的小生命折腾了好几个小时，还是没有什么进展，又过了一会儿，它好像筋疲力尽，停了下来。我决定帮它一把，于是把剩下的那部分剪开了一道口，小蝴蝶终于完全出来了。然而，它没有像我预料的那样展翅飞翔。它战战兢兢地抖动着一对皱巴巴的翅膀，身体还像一个肿肿的小虫。它始终没有飞起来，直到死亡的来临。

后来，从朋友那里知道，正是我的好心和性急，断送了蝴蝶美丽的生命。因为在蝴蝶破茧而出的挣扎中，它会把身体里多余的水分挤到翅膀里，这样，当它终于自由的那一刻，它才能拥有轻盈的身体和丰盈的双翅。

我突然明白了为什么有人说痛苦的历练往往是人生不可或缺的一部分。没有痛苦和奋斗，人生永远不可能完整，就像没有挣扎的蝴蝶，永远不可能飞翔。（380字）

1. 筋疲力尽		jīnpí-lìjìn	筋：筋骨。尽：完。形容非常疲乏，一点儿力气也没有了。
2. 战战兢兢	（形）	zhànzhànjīngjīng	战战：恐惧的样子。兢兢：小心谨慎的样子。形容非常害怕而微微发抖。
3. 轻盈	（形）	qīngyíng	形容身材苗条，动作轻快。

练习

一、选择画线词语的恰当解释

1. 我坐在桌子前，仔细地看着它想要破茧而出。（　　）

A. 破坏　　B. 冲破　　C. 破碎　　D. 打破

2. 那个看不清形状的小生命折腾了好几个小时，还是没有什么进展。（　　）

A. 进度　　B. 前进　　C. 进行　　D. 向前发展

3. 正是我的好心和性急，断送了蝴蝶美丽的生命。（　　）

A. 毁灭　　B. 断绝　　C. 丧失　　D. 失去

4. 我突然明白了为什么有人说痛苦的历练往往是人生不可或缺的一部分。（　　）

A. 经历世事　　B. 长期锻炼　　C. 接受训练　　D. 反复锻炼

二、根据课文内容选择正确答案

1. 朋友送给“我”一个：（　　）

A. 蝴蝶的茧　　B. 紫色的蝴蝶　　C. 胖胖的小虫　　D. 不会飞的蝴蝶

2. 看到茧破了一个小口时，“我”做了什么？（　　）

A. 什么也没做　　B. 把蝴蝶拉出来

C. 看着蝴蝶死去　　D. 把茧剪开了一个小口子

3. 蝴蝶死亡的原因是：（　　）

A. 太累了　　B. 营养不良　　C. 身体胖胖的　　D. “我”的好奇和心急

4. “我”从中明白了什么道理？（　　）

A. 人生总是痛苦的　　B. 人生是不完整的

C. 人生像挣扎的蝴蝶　　D. 成功总是要经历一番磨难

三、根据课文内容回答问题

1. “我”为什么要剪开那个茧？

2. “我”的做法换来了怎样的结局？

3. 从这件事“我”明白了什么道理？

四、自由谈

你在生活、学习中是否有急于求成反而失败的经历？请谈一谈。

阅读 2

农夫和驴

一天，一个农民的驴子掉到了枯井里。

那可怜的驴子在井里凄惨地叫了好几个钟头，农民在井口急得团团转，就是没办法把它救出来。最后，他断然认定：驴子已经老了，这口枯井也该填起来了，不值得花这么大的精力去救驴子。农民把所有的邻居都请来帮他填井。大家抓起铁锹，开始往井里填土。驴子很快就意识到发生了什么事，起初，它只是在井里恐慌地大声哭叫。不一会儿，令大家都很不解的是，它居然安静下来。几锹土过后，农民终于忍不住朝井下看，眼前的情景让他惊呆了。每一铲砸到驴子背上的土，它都做了出人意料的处理：迅速地抖落下来，然后狠狠地用脚踩紧。就这样，没过多久，驴子竟把自己升到了井口。它纵身跳了出来，快步跑开了。

在场的每一个人都惊诧不已。

生活中各种各样的困难和挫折，会如尘土一般落到我们的头上，要想从这苦难的枯井里脱身逃出来，走向人生的成功与辉煌，办法只有一个：将它们统统都抖落在地，重重地踩在脚下。（387 字）

选自新浪微博，有改动

1. 凄惨　（形）　qīcǎn　凄凉悲惨。
2. 出人意料　chūrényìliào　（事物的好坏、情况的变化、数量的大小等）出乎人们的意料。
3. 惊诧　（形）　jīngchà　惊讶诧异。

练习

一、选择画线词语的恰当解释

1. 最后，他断然认定：驴子已经老了，这口枯井也该填起来了。（　　）
   A. 果断　B. 决断　C. 坚定　D. 了断
2. 驴子很快就意识到发生了什么事。（　　）
   A. 认识　B. 知道　C. 觉察　D. 了解
3. 令大家都很不解的是，它居然安静下来。（　　）
   A. 不了解　B. 不理解　C. 不能解开　D. 不能解救
4. 将它们统统都抖落在地，重重地踩在脚下。（　　）
   A. 全部　B. 完整　C. 统一　D. 统率

二、根据课文内容判断正误

1. 农民开始想救驴子，后来认为没有必要救了。（　　）
2. 农民让大家往井里填土是因为想救驴子出来。（　　）
3. 驴子停止哭叫是因为知道大家在救它。（　　）
4. 驴子用自己的聪明救了自己。（　　）

三、根据课文内容回答问题

1. 农民为什么决定不救驴子了？
2. 驴子是怎么得救的？

四、自由谈

人生总会遇到困难和挫折，你遇到过哪些困难和挫折？你是如何面对它们的？请谈一谈。

阅读3

敢于冒险

一个小男孩儿在丛林中发现一只鹰蛋，便带回了家，与一些等待孵化的鸡蛋混在一起。几天后，母鸡成功地将那些蛋孵化出来，于是一群小鸡里就出现了一只小鹰。

刚刚破壳而出的小鹰与小鸡们一起过着平静、无忧、安逸的生活，而小鹰却不知道自己与其他小鸡的不同之处。

慢慢地，小鹰长大了，它发现小鸡们总用异样的眼神看着自己。它逐渐感觉到了自己的与众不同。虽然产生了这样的想法，可是它却无法验证自己的怀疑，因此它十分烦恼。

直到有一天，一只老鹰从养鸡场上空飞过，小鹰看见老鹰自由舒展的翅膀，顿时感觉自己的两翼涌动着一股奇妙的力量，心里被羡慕的情绪激荡着。它仰望着自由翱翔的老鹰，心想：如果我也可以像它一样在天空中自在地飞翔该是一件多么令人兴奋的事啊！那样我就可以离开这个偏僻狭小的地方，栖息在高高的山顶之上，俯瞰大地和人间。可是我没有像老鹰那样强劲有力的翅膀，也没有飞行的经验，如果从半空中坠下岂不粉身碎骨？可是，如果不去尝试，怎么知道自己飞不起来呢？小鹰经过一系列的思想斗争后，终于坚定了信念，决定冒着粉身碎骨的风险，效仿老鹰展翅高飞，实现它的梦想。

小鹰用力扇动着翅膀，它终于起飞了，飞到了空中。它带着极度的兴奋，自由自在地翱翔于蔚蓝的天空，栖息在高耸的山头上，俯瞰人间大地。（522字）

选自九九文章网，有改动

1. 安逸　（形）　ānyì　　安闲舒服。
2. 翱翔　（动）　áoxiáng　在空中飞行或盘旋。

3. 栖息 （动） qīxī 停留，休息（多指鸟类）。
4. 俯瞰 （动） fǔkàn 从高处往下看。

练习

一、选择画线词语的恰当解释

1. 小鹰长大了，它发现小鸡们总用异样的眼神看着自己。（ ）
   A. 一样 B. 特异 C. 不平静 D. 不同寻常
2. 虽然产生了这样的想法，可是它却无法验证自己的怀疑。（ ）
   A. 试验 B. 证明 C. 通过实验证实 D. 检验发现的证据
3. 那样我就可以离开这个偏僻狭小的地方，栖息在高高的山顶之上。（ ）
   A. 偏远 B. 孤僻 C. 僻静 D. 落后
4.（小鹰）决定冒着粉身碎骨的风险，效仿老鹰展翅高飞，实现它的梦想。（ ）
   A. 不顾 B. 上升 C. 迎着 D. 冒险

二、根据课文内容判断正误

1. 一个小男孩儿捡了一个鹰蛋让母鸡孵化了出来。（ ）
2. 小鹰和小鸡一样失去了飞翔的本领。（ ）
3. 小鹰看见天上飞的老鹰，很想展翅高飞。（ ）
4. 小鹰毫不犹豫地展翅高飞，实现了它的梦想。（ ）
5. 小鹰知道它和小鸡不同，一定会飞上蓝天。（ ）

三、根据课文内容回答问题

1. 这个小男孩儿做了什么？
2. 小鹰知道它与小鸡不同吗？
3. 小鹰是怎么飞上天空的？

四、自由谈

要想成功实现梦想应该怎么做？请谈一谈。

阅读 4

来自大自然的启示

有人为了晒东西，曾在相距不远的两棵树上拴了根铁丝。久而久之，铁丝形成的铁箍牢牢地勒进树干，留下深深的印沟。那棵看上去必死无疑的树，却奇迹般地把那无情的铁箍给吞了进去！而这一切，恰好被一位身患绝症悲观至极的老人看到。正是这棵树指点了他，使他重新获得活下去的勇气！他深感肃然，便向那棵树深鞠一躬，并决定与病魔抗争到底！

与其说那棵树挽救了一条生命，不如说是大自然在启示芸芸众生：要以理性对待生活，对待生命。

有人因工作的失败，明净的双眸染上了几多烟尘；有的同学因考试的失利，世界在他眼中顿时黯然失色。成功之路千万条，条条道路多崎岖。只要你全身心地去拼搏，柳暗花明春又绿；只要你矢志努力，有志者事竟成。

那些成天生活在阴影中的人们，可曾想过：腊梅讨厌冬的肆虐与无忌，却依然在寒冬中吐露芬芳；也许鱼儿讨厌巨浪的汹涌与狰狞，却依然与巨浪为伴，成全生命的真谛；落叶对这个天地无比依恋，然而，当秋风吹来，它毅然地飘落，告别那美丽的世界，呵护明年将要萌发的草根。

在漫漫人生旅途中，人的心灵需要遨游于蓝天，接受风霜刀剑的洗礼；需要游弋于大海，接受惊涛骇浪的考验；需要驰骋于荒原，接受荆棘沼泽的磨砺。这样，人才会拥有一颗理性的心。（505 字）

选自散文吧，有改动

1. 芸芸众生　　yúnyún-zhòngshēng　　芸芸：形容众多。众生：原指一切生物，后指许多人。一般指众多的平常人。
2. 肆虐　（动）　sìnüè　　不顾一切地任意残杀或迫害；起破坏作用。
3. 狰狞　（形）　zhēngníng　　（面目）凶恶。
4. 磨砺　（动）　mólì　　用摩擦法使物尖锐，比喻人经受磨炼或锻炼。

练习

一、选择画线词语的恰当解释

1. 他深感肃然，便向那棵树深鞠一躬，并决定与病魔抗争到底！（　　）

A. 严肃　　B. 恭敬　　C. 谨慎　　D. 庄严

2. 有人因工作的失败，明净的双眸染上了几多烟尘。（　　）

A. 很多　　B. 何等　　C. 多少　　D. 一些

3. 只要你矢志努力，有志者事竟成。（　　）

A. 不放弃　　B. 没有志向　　C. 树立目标　　D. 立下志向

4. 落叶对这个天地无比依恋，然而，当秋风吹来，它毅然地飘落。（　　）

A. 非常　　B. 不能比较　　C. 没法比较　　D. 没有比较

5. 人的心灵需要遨游于蓝天，接受风霜刀剑的洗礼。（　　）

A. 洗涤　　B. 冲洗　　C. 宗教仪式　　D. 锻炼和考验

二、根据课文内容判断正误

1. 铁丝形成铁箍勒进树干，勒死了那棵树。（　　）
2. 树的顽强生命力启发了身患绝症的老人。（　　）
3. 腊梅不喜欢寒冬，所以不会在冬天开放。（　　）
4. 鱼儿生活在海中是由于鱼儿喜欢汹涌的巨浪。（　　）
5. 要想有一颗理性的心，就要经受得起磨砺。（　　）

三、根据课文内容回答问题

1. 铁丝是怎么勒进树干的？
2. 是什么挽救了那位身患绝症的老人？
3. 我们在人生道路上有可能遇到哪些人生磨难？
4. 生活在阴影中的人们应该看到什么？
5. 人们怎样才会拥有一颗理性的心？

MHK 三级演练

1–10 题，每段文字后有一个或几个问题，每个问题都有 ABCD 四个答案，请阅读后根据每题要求选择唯一正确的答案。

1

没有钱、没有房子、没有后台，生活过得晦涩灰暗，他感到没有人瞧得起自己。他现在已是心灰意冷，神情沮丧。

【1】句中画线词语拼音正确的一项是：（　　）

A. 房子（pángzi）　　B. 后台（hoùtái）

C. 晦涩（huìsè）　　D. 沮丧（jǔsàng）

2

每个人都有独自面对挫折的时候，挫折是生活中一种不可欠缺的阅历，更是人生中不容忽视的一道风景。给挫折一个微笑，它能给你战胜挫折的意志。我们前进的脚步总是让挫折绊住。我们要做生活的主人，不要坐在绊脚石的面前唉声叹气而耗尽了自己，学会微笑着用有限的生命来超越无限的自己。给挫折一个微笑，它能让你把痛苦瞬间减小。只有微笑能让你重新振作，能让你摆脱挫折的阴影，走向辉煌的未来。

【2】下面哪一项最适合做这段话的标题？　（　　）

A. 给挫折一个微笑　B. 只有微笑能让你重新振作

C. 微笑能给你战胜挫折的意志　D. 挫折是生活中一种不可欠缺的阅历

3–5

被称为“美国之父”的富兰克林，一生功绩___3___，这与他的一次拜访不无关系。

一次，富兰克林到一位前辈家拜访。一进门，他的头就狠狠地撞在了门框上，疼得他一边不住地用手揉搓，一边看着比正常标准低矮的门。出来迎接他的前辈看到他这副样子，笑笑说：“很痛吧？可是，这将是你今天来访的最大收获。一个人要想平安无事地活在世上，就必须时时刻刻记住‘低头’。这也是我要教你的事情，不要忘记了。”

富兰克林把这次拜访看成最大的收获，牢牢记住了前辈的教导，并把它列入他一生的生活准则之中。

谦虚谨慎是做人的美德。一个成熟的人，有成就的人，必备此种品格，宜低头、忍让，而非自高自大。这也许是许多成功人士的美德。

【3】文中___3___处应该填写的词语是：　（　　）

A. 超群　B. 卓绝　C. 显著　D. 优秀

【4】根据这段话可以知道：　（　　）

A. 成功人士有很多美德　B. 要牢牢记住前辈的教导

C. 处处低头、忍让才能成功　D. 要想有所成就就要学会“低头”

【5】这段话主要介绍的是：　（　　）

A. 成功人士的美德　B. 前辈教导的重要性

C. 富兰克林一生的功绩　D. 一次拜访对富兰克林的重大影响

6–7

我们每个人都生活在条条框框的规范里，人生像是早被人规划好的道路，看似___7___，却总是走不到自己想去的目的地。为什么？因为那是别人选的路，是通往别人梦想的去处，而不是你内心真实想要到达的地方。

如果说父母给了我们生命，就可以用他们的思想代替我们行走，这说法实在可笑。原因很简单，你的父母永远左右不了你内心的真实想法，即便你如此顺从，你的内心也从未想过要将自身的意识抹去。

【6】根据文章的内容，下面说法正确的是：　（　　）

A. 我们都有自己的思想　B. 父母支配着我们的想法

C. 应该按照父母的思想行动　D. 只要听父母的话就能成功

【7】文中___7___处应该填写的词语是：　（　　）

A. 平坦　B. 曲折　C. 宽大　D. 整齐

8–10

一个人不能没有生活，而生活的内容，也不能使它没有__8__。做一件事，说一句话，无论事情的大小，说话的多少，你都得自己先有了__9__，先问问自己做这件事、说这句话，有没有意义。你能这样做，就是奋斗基础的开始奠定。

【8】文中__8__处应该填写的词语是：（　　）

A. 意思　　B. 道理　　C. 思想　　D. 意义

【9】文中__9__处应该填写的词语是：（　　）

A. 规划　　B. 计划　　C. 规定　　D. 想法

【10】根据文章，下面哪一项是正确的？（　　）

A. 说话做事要打基础　　B. 说话做事要考虑其价值

C. 说话做事前要写一个稿子　　D. 人不要随随便便说话做事

第9课

如何面对人生苦难

阅读1

痛苦与盐

有一个师傅对于徒弟不停地抱怨这抱怨那感到非常厌烦，于是有一天早上派徒弟去取一些盐回来。当徒弟很不情愿地把盐取回来后，师傅让徒弟把盐倒进水杯里喝下去，然后问他味道如何。徒弟吐了出来，说："很苦。"

师傅笑着让徒弟带着一些盐和自己一起去湖边。他们一路上没有说话。来到湖边后，师傅让徒弟把盐撒进湖水里，然后对徒弟说："现在你喝点儿湖水。"徒弟喝了口湖水。师傅问："有什么味道？"徒弟回答："很清凉。"师傅问："尝到咸味了吗？"徒弟说："没有。"然后，师傅坐在这个总爱怨天尤人的徒弟身边，握着他的手说："人生的痛苦如同这些盐，有一定数量，既不会多也不会少。我们承受痛苦的容积的大小决定痛苦的程度。所以当你感到痛苦的时候，就把你的承受的容积放大些，不是一杯水，而是一个湖。"（331字）

选自新浪微博，有改动

1. 怨天尤人		yuàntiān-yóurén	埋怨上天，责备别人。形容对不如意的事一味归咎于客观。
2. 承受	（动）	chéngshòu	1. 接受。2. 承担；禁受。3. 继承。
3. 容积	（名）	róngjī	容器或其他能容纳物质的物体的内部体积。

练习

一、选择画线词语的恰当解释

1. 当徒弟很不情愿地把盐取回来后，师傅让徒弟把盐倒进水杯里喝下去。（　　）

A. 愿望　　B. 宁愿　　C. 志愿　　D. 愿意

2. 师傅让徒弟把盐倒进水杯里喝下去，然后问他味道如何。（　　）

A. 多少　　B. 怎么样　　C. 什么方法　　D. 什么情况

3. 人生的痛苦如同这些盐，有一定数量，既不会多也不会少。（　　）

A. 相同　　B. 就是　　C. 好像　　D. 如果

4. 我们承受痛苦的容积的大小决定痛苦的程度。（　　）

A. 多少　　B. 深浅　　C. 大小　　D. 高低

二、根据课文内容选择正确答案

1. 关于这个徒弟，下面哪一项正确？（　　）

A. 喜欢抱怨　　B. 喜欢喝盐水　　C. 喜欢喝湖水　　D. 很听师傅话

2. 徒弟喝下的盐水味道怎么样？（　　）

A. 很苦　　B. 清凉　　C. 没味　　D. 很甜

3. 师傅让徒弟喝盐水和湖水是为了说明：（　　）

A. 人生如喝水　　B. 湖水里盐少

C. 所有的痛苦都是可以承受的　　D. 承受痛苦的容积大小决定痛苦的程度

4. 这个故事告诉我们：（　　）

A. 盐水是苦的　　B. 湖水是没味的

C. 人生苦难是很多的　　D. 提高承受能力可以减轻痛苦

三、根据课文内容回答问题

1. 面对爱抱怨的徒弟，师傅是怎么做的？

2. 师傅用盐水和湖水的味道想说明什么问题？

四、自由谈

你也会常常抱怨吗？请谈谈如何正确面对生活中的苦痛。

阅读2

钉　子

有一个男孩儿脾气很坏，于是他的父亲就给了他一袋钉子，并且告诉他，每当他发脾气的时候就在后院的围篱上钉一根钉子。

第一天，这个男孩儿钉下了37根钉子。慢慢地，每天钉下的数量减少了。他发现控制自己的脾气要比钉下那些钉子来得容易些。终于有一天，这个男孩儿再也不会因为失去耐性而乱发脾气了。父亲又告诉他，现在开始每当他能控制住自己脾气的时候，就拔出一根钉子。日子一天天地过去了，最后男孩儿告诉他的父亲，他终于把所有的钉子都拔出来了。

父亲握着他的手来到后院说："你做得很好，我的孩子，但是看那些围篱上的洞。这些围篱将永远不能回复成从前的样子。你生气的时候说的话将像这些钉子一样留下疤痕。如果你拿刀子捅别人一刀，不管你说了多少次对不起，那个伤口将永远存在。话语的伤痛就像真实的伤痛一样令人无法承受。"

人与人之间常常因为一些彼此无法释怀的坚持，而造成永远的伤害。如果我们都能从自己做起，开始宽容地看待他人，相信你一定能收到许多意想不到的结果。帮别人开启一扇窗，也就是让自己看到更完整的天空。（432 字）

选自新浪微博，有改动

1. 耐性　（名）　nàixìng　能忍耐、不急躁的性格。
2. 疤痕　（名）　bāhén　疮口或伤口愈合后留下的痕迹。
3. 意想不到　yìxiǎng bú dào　料想不到，没有料到。

练习

一、选择画线词语的恰当解释

1. 每当他发脾气的时候就在后院的围篱上钉一根钉子。（　　）
   A. 障碍　B. 院墙　C. 围栏　D. 围墙
2. 这些围篱将永远不能回复成从前的样子。（　　）
   A. 回到　B. 恢复　C. 重复　D. 再一次
3. 人与人之间常常因为一些彼此无法释怀的坚持，而造成永远的伤害。（　　）
   A. 解释　B. 放心　C. 忘怀　D. 消除
4. 帮别人开启一扇窗，也就是让自己看到更完整的天空。（　　）
   A. 打开　B. 启动　C. 运行　D. 开始

二、根据课文内容判断正误

1. 父亲用钉钉子的办法来惩罚他的爱发脾气的儿子。（　　）
2. 男孩儿钉下 37 个钉子时坏脾气就改好了。（　　）
3. 坏脾气伤人就如同钉子留下的洞，是永远存在的。（　　）
4. 话语对人的伤害与刀子对人的伤害是一样的。（　　）

三、根据课文内容回答问题

1. 父亲是怎样让儿子控制坏脾气的？
2. 父亲对男孩儿说了些什么？

四、自由谈

你会乱发脾气吗？请谈一谈坏脾气带给别人的伤害。

阅读 3

在磨难中成长的音乐巨人

面对如此伟大的传奇人物，我心中充满无限感慨。他的身心遭受悲惨命运的折磨，他面对的是怀着敌意的城市维也纳，音乐受欢呼，困难却无人问津。这就是贝多芬的悲惨人生。虽然贝多芬失聪，但他仍然没有放弃对音乐的追求，对命运的抗争。

耳聋对音乐家来说是无法弥补的灾难，不但影响工作，而且会让他感到孤独与无助，过着悲凉痛苦的生活。这些痛苦与磨难，导致了贝多芬叛逆的性格。贝多芬在书信中写到他与歌德一起散步遇到皇亲国戚的情景，写到自己对皇亲国戚极不在乎的态度，充分表现出贝多芬的叛逆。我能深深地体会到他的内心情感，他不是圣人，他也只是一个平凡的聋人，他的情绪也要得到宣泄。于是，他把更多的情绪都宣泄在了音乐上。

一位热爱音乐的聋人与苦难搏斗，经受住残酷的命运，创作了《七重奏》《圣家庭》《幻想奏鸣曲》《田园交响曲》《月光曲》《欢乐颂》等巨作。他战胜了困难，创作了永垂不朽的巨作，他的行为震撼了全世界。他告诉我们，意志的力量掌握在我们自己手中，欢乐由痛苦获得。

贝多芬一直陪伴在我左右。当我面对窗外为自己的劫难感到忧伤时，他会来到我身旁，似一位饱经沧桑的老人，在琴上弹奏出一曲悲歌，安慰哭泣的我。当我越过艰难险阻，无法达到目标深感痛苦时，他又演奏出一曲斗志昂扬的《欢乐颂》，给予我一份欢乐、一份勇气。（541 字）

选自星火作文网，有改动

1. 弥补	（动）	míbǔ	1. 填补；补偿。2. 补救；挽回。
2. 叛逆	（动、名）	pànnì	1. 背叛。2. 有背叛行为的人。
3. 永垂不朽		yǒngchuí-bùxiǔ	垂：留传后世。朽：腐烂，磨灭。指光辉的事迹和伟大的精神永远流传，不会磨灭。
4. 饱经沧桑		bǎojīng-cāngsāng	形容经历过很多世事变化，生活经历极为丰富。

练习

一、选择画线词语的恰当解释

1. 他面对的是怀着敌意的城市维也纳，音乐受欢呼，困难却无人问津。　　(　　)

A. 打听　　B. 听说　　C. 尝试　　D. 研究

2. 虽然贝多芬失聪，但他仍然没有放弃对音乐的追求。　　(　　)

A. 聪明　　B. 愚笨　　C. 耳聋　　D. 耳背

3. 他也只是一个平凡的聋人，他的情绪也要得到宣泄。　　(　　)

A. 发泄　　B. 表达　　C. 泄漏　　D. 说出

4. 他又演奏出一曲斗志昂扬的《欢乐颂》，给予我一份欢乐，一份勇气。　　(　　)

A. 振奋精神　　B. 奋发向上　　C. 昂首前进　　D. 情绪高涨

二、根据课文内容判断正误

1. 贝多芬在身心遭受折磨的情况下仍然创作出了不朽的巨著。　　(　　)
2. 人们只喜欢贝多芬的佳作，却无人关心他困苦的生活。　　(　　)
3. 正是由于叛逆的性格，贝多芬才能创作出许多巨作。　　(　　)
4. 贝多芬创作的美妙音乐治愈了自己的耳疾。　　(　　)
5. 贝多芬饱经风霜，在生命即将走向尽头时仍创作了不朽的《欢乐颂》。　　(　　)

三、根据课文内容回答问题

1. 贝多芬的生活情况怎样？他有着怎样的性格？
2. 贝多芬创作了哪些著名作品？

四、自由谈

有人说“磨难使人成长”，请谈谈你对这句话的理解。

阅读 4

一个单亲男孩儿的逆袭之路

1946 年 7 月，史泰龙出生在纽约曼哈顿一所慈善医院里。不幸的是他被药用镊子伤到了面部神经，导致左脸颊部分肌肉瘫痪，左眼睑与左边嘴唇下垂，语言能力也受到极大的影响。

11 岁那年，父母在不断争吵中分道扬镳，唯一让他感到温暖的母亲也离开了他。和父亲在一起的日子，并不如想象中那样温馨美好。父亲对他十分严厉，几乎到了苛刻的地步，他稍有不慎，就会招来一顿斥责和辱骂。父亲经常朝他嘶吼："你为什么不能变聪明一点儿？你为什么不能强壮一些？"那段时间，他觉得自己简直一无是处。

走过苦难的童年和少年，他渐渐长大成人，并且在体育方面表现出过人的天赋。他想成为一名足球运动员，可是没有一所体育院校愿意录取他；他想参加海军，可是又不够年龄。无奈之下，他只好来到瑞士，一边给女学生上体育课，一边学习戏剧课程。一次偶然的机会，在排演阿瑟·米勒的名剧《推销员之死》时，他终于找到了自己的理想和追求——做一名演员。

不久，他满怀信心地回到了美国，进入迈阿密大学，正式学习表演艺术。然而他的导师很不喜欢他，认为他不是演戏的料，永远也不会有前途，还劝他尽快退学。尽管他不相信命运，也不愿意服输，但还是以三个学分之差，被迈阿密大学拒之门外。

1974年，他突发灵感，创作了一个叫《洛奇》的剧本。当时不少制片人都很看好这个剧本，但因为他坚持要求出演其中的男主角，所有的制片人都拒绝了他。他不甘心，又带着剧本分别拜访了美国的500多家电影公司，终于，在被拒绝了1850次后，有一家电影公司被他的诚心所感动，答应了他的要求。片子以很低的成本在一个月内就拍完了，可谁也没想到，这部电影会成为好莱坞电影史上的一匹黑马。

1976年，这部电影的票房突破了2.25亿美元，夺得了奥斯卡最佳影片与最佳导演奖，并获得最佳男主角与最佳编剧的提名。（718字）

选自人生屋，有改动

1. 镊子	（名）	nièzi	拔除毛发或夹取细物的用具。一般用金属制成。
2. 分道扬镳		fēndào-yángbiāo	分路而行。比喻目标不同，各走各的路或各干各的事。
3. 苛刻	（形）	kēkè	严厉刻薄。
4. 灵感	（名）	línggǎn	就是突发奇想，忽然想到的点子方法。

练习

一、选择画线词语的恰当解释

1. 他稍有<u>不慎</u>，就会招来一顿斥责和辱骂。（　　）

A. 粗心　　B. 马虎　　C. 不认真　　D. 不小心

2. 那段时间，他觉得自己简直一无是处。（　　）

A. 没有一点儿好处　　B. 没有一点儿作用

C. 没有一点儿坏处　　D. 没有一点儿对的地方

3. 他渐渐长大成人，并且在体育方面表现出过人的天赋。（　　）

A. 先天　　B. 聪明　　C. 天资　　D. 天生

4. 然而他的导师很不喜欢他，认为他不是演戏的料。（　　）

A. 本领　　B. 人才　　C. 才能　　D. 演员

5. 他不甘心，又带着剧本分别拜访了美国的 500 多家电影公司。（　　）

A. 情愿　　B. 宁愿　　C. 甘愿　　D. 称心

6. 可谁也没想到，这部电影会成为好莱坞电影史上的一匹黑马。（　　）

A. 黑色的马　　B. 能力差的人

C. 评价不好的人或事物　　D. 实力出人意料的优胜者

二、根据课文内容判断正误

1. 史泰龙由于先天面部神经缺陷而导致脸颊部分肌肉瘫痪。（　　）
2. 史泰龙的少年生活是不幸福的。（　　）
3. 史泰龙最初的理想是成为电影明星。（　　）
4. 史泰龙在表演方面很有天赋。（　　）
5. 史泰龙创作的剧本《洛奇》拍摄完成后，成为好莱坞电影史上的一匹黑马。（　　）

三、根据课文内容回答问题

1. 史泰龙童年和少年的生活怎么样？
2. 史泰龙为什么要做一名演员？
3. 史泰龙的演艺生涯顺利吗？请简单介绍一下。
4. 史泰龙最终取得了怎样的成就？

MHK 三级演练

1–10 题，每段文字后有一个或几个问题，每个问题都有 ABCD 四个答案，请阅读后根据每题要求选择唯一正确的答案。

1

他的两只脚裸露在外面，他用脚非常娴熟地缝补着那双皮鞋。

【1】句中画线词语拼音正确的一项是：（　　）

A. 裸露（luǒlòu）　B. 娴熟（xiánshú）　C. 缝补（fénbǔ）　D. 皮鞋（píhái）

2

我们在生活中总有一些早就应该去做却一直拖着不去做的事情，尽管这些事情已经影响了我们的生活，但我们总是有一个借口：没有时间，以后再做。其实，这些想做的事，如果你马上动手去做，你的生活就会变得豁然开朗。

【2】下面哪一项最适合做这段话的标题？（ ）

A. 生活中的选择 B. 我们总是找借口

C. 想做的事马上动手去做 D. 我们在生活中总有一些拖着不去做的事情

3–5

有一个年轻人在森林里的伐木场工作，却在都市里租下房子居住，每天奔波于两地。他说他喜欢都市生活，那让他感到生命的激情和炽热，他的__3__是做一名上流社会的人。对金钱和名誉的欲望已经让他疯狂了。我告诉他：你未得到而渴望的事物都笼罩着魔光，充满蛊惑的力量，而等你实际拥有它的时候，它会和你此刻握在手中的杯子一样朴实。而他没有听从我的建议，深深陷入欲望中，由此偏执，不能自拔。

【3】文中__3__处应该填写的词语是：（ ）

A. 目的 B. 理想 C. 希望 D. 想法

【4】这段话告诉我们：（ ）

A. 人不应该活得太累 B. 不要追求金钱和名誉

C. 未得到的东西都是有魔光的 D. 任何事物当你拥有的时候就会变得朴实

【5】这段话介绍了一个：（ ）

A. 生活贫困的年轻人 B. 没有志向的年轻人

C. 陷入欲望的年轻人 D. 迷失方向的年轻人

6–7

他落寞地坐在鞋摊前，将脚上的皮鞋脱下，递到修鞋人的面前。就在那一刹那（6），他惊呆了。那个修鞋人没有用手来接皮鞋，而是用脚。对，是用脚，再一看，那修鞋人两只袖子空荡荡的。这是一个30岁左右的年轻人，脸上依然有一种青春__7__的帅气和阳光，目光中有一种自信。他的两只脚裸露在外面，他用脚非常娴熟地缝补着那双皮鞋。

【6】根据文意，可以替换"一刹那"的词语是：（ ）

A. 一瞬间 B. 一时间 C. 一眨眼 D. 一转眼

【7】文中__7__处应该填写的词语是：（ ）

A. 流动 B. 洋溢 C. 充满 D. 荡漾

8–10

女孩儿无论在哪儿，都会想到自己在镜中的形象——__8__而大方。因此，她从不__9__别人的眼光，同时也自信地注视别人。就是这份自信，使她总是神采奕奕。其实，这女孩儿的镜子不仅放在她的屋子里，更重要的是装在她心里。你心中装着什么样的自己，别人眼中看到的就是什么样的你。

【8】文中__8__处应该填写的词语是：（　　）

A. 高大　　B. 温柔　　C. 美丽　　D. 开朗

【9】文中__9__处应该填写的词语是：（　　）

A. 避开　　B. 逃避　　C. 躲闪　　D. 害怕

【10】根据短文内容，下面说法正确的是：（　　）

A. 女孩儿非常自信　　B. 女孩儿长得比较丑

C. 女孩儿时刻都带着镜子　　D. 女孩儿很在意别人的眼光

第10课

体味人生百态

阅读1

疯子和呆子

一个心理学教授到精神病院参观，了解病人的生活状态。

一天下来，教授觉得这些人疯疯癫癫，行事出人意料，可算大开眼界。教授准备返回时，忽然发现自己的一个车胎被人卸掉了。“一定是哪个疯子干的！”教授这样愤愤地想道，于是动手拿备胎准备装上。

但事情严重了，卸车胎的人居然将螺丝也都卸掉了。没有螺丝，有备胎也上不去啊！教授一筹莫展。在他着急万分的时候，一个精神病人蹦蹦跳跳地过来了，嘴里唱着不知名的欢乐歌曲。他发现了困境中的教授，停下来问发生了什么事。教授懒得理他，但出于礼貌还是告诉了他。病人哈哈大笑说：“我有办法！”他从每个轮胎上面卸了一个螺丝，这样就拿到三个螺丝，将备胎装了上去。教授惊奇感激之余，大为好奇：“请问你是怎么想到这个办法的？”病人嘻嘻哈哈地笑道：“我是疯子，可我不是呆子啊！”

当一个人笑话疯子的时候，说不定别人还在笑他是呆子呢。（364字）

选自新浪微博，有改动

1. 疯疯癫癫 （形） fēngfengdiāndiān 精神失常的样子。常用来形容人言语行动十分轻狂。
2. 大开眼界 dàkāi-yǎnjiè 开阔视野；大长见识。
3. 卸 （动） xiè 把东西去掉或拿下来。

练习

一、选择画线词语的恰当解释

1. 教授觉得这些人疯疯癫癫，<u>行事</u>出人意料，可算大开眼界。 （ ）

A. 行动 B. 本事 C. 做事 D. 动作

2. 没有螺丝，有备胎也上不去啊！教授一筹莫展。（　　）

A. 不能上车　B. 上不了车　C. 无法上去　D. 安装不上

3. 没有螺丝，有备胎也上不去啊！教授一筹莫展。（　　）

A. 手足无措　B. 束手无策　C. 急中生智　D. 手忙脚乱

4. 教授惊奇感激之余，大为好奇。（　　）

A. 非常　B. 绝对　C. 以为　D. 许多

二、根据课文内容选择正确答案

1. 教授去精神病院做什么？（　　）

A. 上课　B. 开会　C. 参观　D. 给人看病

2. 教授觉得精神病院的人怎么样？（　　）

A. 很暴躁　B. 很聪明　C. 还算安静　D. 做事难以预料

3. 准备返回时教授遇到了什么事？（　　）

A. 被人拦住了　B. 车胎被人卸了　C. 病人不让他走　D. 有人给他唱歌

4. 教授的困难被谁解决了？（　　）

A. 朋友　B. 医生　C. 呆子　D. 精神病人

三、根据课文内容回答问题

1. 教授去精神病院参观后的感受是怎样的？

2. 教授遇到了什么事？怎么解决的？

四、自由谈

你怎样理解文中最后一句话？请谈谈你的想法。

阅读 2

感恩生活

美国前总统罗斯福的家曾经失窃，财物损失严重。朋友闻此消息，就写信来安慰他，劝他不必把这件事放在心上。罗斯福很快回信说：“亲爱的朋友，谢谢你来信安慰我，我一切都很好。我想我应该感恩，因为：第一，我损失的只是财物，而人却毫发未损；第二，我只损失了部分财物，而非所有财产；第三，最幸运的是，做小偷的是那个人，而不是我……”

对任何人来说，家中失窃绝非幸事。但是，罗斯福总统却能找到三个感恩的理由。这个故事告诉我们，生活中，我们应该学会感恩。

感恩是一项重要的处世哲学，是生活的大智慧。面对困难，我们是懊恼抱怨，沮丧气馁，陷入绝望，还是对生活满怀感恩之心，跌倒后再爬起来呢？英国著名作家威廉·萨克雷说过："生活是一面镜子，你对它笑，它也对你笑；你对它哭，它也会对你哭。"如果对生活感恩，你的生命将充满灿烂的阳光；如果一味怨恨，终将一无所获。我们成功时，有千万个理由感恩生活，而失败时，只要一个借口就会表现出忘恩负义。

不论是遭遇失败还是不幸，我们都应该感谢生活。只有这样，失败后，我们才能发现自己的缺点和不足；不幸时，我们还能感受到安慰和温暖。我们应像罗斯福总统那样，换一个角度去看待生活中的失败和挫折，永远对生活充满感恩，这样才能时刻保持健康的心态，积极地生活，并能保持完美的人格和不断进取的精神。（545 字）

选自短文学网，有改动

1. 毫发未损		háofà wèi sǔn	没有一点儿损伤。
2. 一味	（副）	yíwèi	单纯地。
3. 忘恩负义		wàng'ēn-fùyì	忘记别人对自己的好处，反而做出对不起别人的事。

练习

一、选择画线词语的恰当解释

1. 朋友闻此消息，就写信来安慰他，劝他不必把这件事放在心上。（ ）
   A. 牢记 B. 很放心 C. 记在心里 D. 心里有数
2. 我损失的只是财物，而人却毫发未损。（ ）
   A. 受了点儿伤 B. 损失到头发 C. 头发没受损伤 D. 一点儿损伤都没有
3. 感恩是一项重要的处世哲学，是生活的大智慧。（ ）
   A. 交流 B. 做事 C. 处理事情 D. 与人相处交往
4. 面对困难，我们是懊恼抱怨，沮丧气馁，陷入绝望，还是对生活满怀感恩之心，跌倒后再爬起来呢？（ ）
   A. 消极 B. 生气 C. 失去勇气 D. 唉声叹气

二、根据课文内容判断正误

1. 美国前总统罗斯福家失窃，损失并不严重，所以他很感恩。（ ）
2. 对任何人来说，家中失窃都不是什么好事。（ ）
3. 面对困难，我们也应该感恩而不应该抱怨。（ ）

4. 失败时，我们也不应该找借口，否则就会表现出忘恩负义。　　(　　)

三、根据课文内容回答问题

1. 美国前总统罗斯福家失窃，他是什么态度？
2. 为什么说生活中我们应该学会感恩？

四、自由谈

生活中我们都应该感恩什么？请谈谈你的看法。

阅读 3

白衬衫上的黑印子

十岁的儿子放学以后气冲冲地回到家里，进门以后使劲地跺脚。他的父亲正在院子里干活儿，看到儿子生气的样子，就把他叫了过来，想和他聊聊。儿子不情愿地走到父亲身边，气呼呼地说："爸爸，我现在非常生气。小华以后甭想再得意了。"父亲一面干活儿，一面静静地听儿子诉说。儿子说："小华让我在朋友面前丢脸，我现在特别希望他遇上几件倒霉的事情。"

父亲走到墙角，找到一袋木炭，对儿子说："儿子，你把前面挂在绳子上的那件白衬衫当作小华，把这个塑料袋里的木炭当作你想象中的倒霉事情。你用木炭去砸白衬衫，每砸中一块，就象征着小华遇到一件倒霉的事情。我们看看你把木炭砸完了以后，会是什么样子。"儿子觉得这个游戏很好玩儿，他拿起木炭就往衬衫上砸去。可是衬衫挂在比较远的绳子上，他把木炭扔完了，也没有几块扔到衬衫上。父亲问他："你现在觉得怎么样？"他说："累死我了，但我很开心，因为我扔中了好几块木炭，白衬衫上有好几个黑印子了。"

父亲看到儿子没有明白他的用意，于是便让儿子去照照镜子。儿子在一面大镜子里看到自己满身都是黑炭，从脸上只能看到牙齿是白的。父亲这时说道："你看，白衬衫并没有变得特别脏，而你自己却变得特别脏了。你想在别人身上发生很多倒霉事情，结果最倒霉的事却落到自己身上了。有时候，我们的坏念头虽然在别人身上兑现了一部分，别人倒霉了，但是它也同样在我们身上留下了难以消除的污迹。"(583 字)

选自新浪博客，有改动

1. 甭 （副） béng 不用。
2. 砸 （动） zá 用重的东西对准物体撞击。
3. 兑现 （动） duìxiàn 泛指结算时支付现款。比喻实现诺言。

练习

一、选择画线词语的恰当解释

1. 十岁的儿子放学以后气冲冲地回到家里，进门以后使劲地跺脚。 （ ）
A. 兴冲冲 B. 非常生气 C. 垂头丧气 D. 气喘吁吁
2. 儿子不情愿地走到父亲身边。 （ ）
A. 志愿 B. 愿望 C. 宁愿 D. 愿意
3. 小华以后甭想再得意了。 （ ）
A. 如意 B. 顺心 C. 满意 D. 因满足而高兴
4. 我们的坏念头虽然在别人身上兑现了一部分，别人倒霉了，但是它也同样在我们身上留下了难以消除的污迹。 （ ）
A. 变为现实 B. 支付现金 C. 换取现金 D. 造成影响

二、根据课文内容判断正误

1. 儿子生气是由于老师批评了他。 （ ）
2. 父亲让儿子用木炭砸衬衫只是为了让他高兴。 （ ）
3. 儿子扔完木炭虽然很累但很开心。 （ ）
4. 我们的坏念头也会在我们自己身上留下难以消除的污迹。 （ ）
5. 这个故事告诉我们，遇到不平事要摆正心态。 （ ）

三、根据课文内容回答问题

1. 儿子为什么生气？
2. 爸爸是怎样劝儿子的？

四、自由谈

有时候想让别人倒霉，结果更倒霉的事却落在了自己身上，所以，遇到不平事应该摆正心态。请谈谈你对此的理解。

阅读4

生命中的鹅卵石

在一次时间管理课上，教授在桌子上放了一个装水的罐子，然后又从桌子下面拿出一些正好可以从罐口放进罐子里的鹅卵石。当教授把石块放完后问他的学生："你们说这罐子是不是满的？"

"是。"所有的学生异口同声地回答。

"真的吗？"教授笑着问，然后再从桌底下拿出一袋碎石子，把碎石子从罐口倒下去，摇一摇，再加一些，又问学生："你们说，这罐子现在是不是满的？"这回他的学生不敢回答得太快了。过了一会儿才有位学生怯生生地细声回答道："也许没满。"

"很好！"教授说完后，又从桌下拿出一袋沙子，慢慢地倒进罐子里。倒完后，又问班上的学生："现在你们再告诉我，这个罐子是满的呢？还是没满？"

"没有满。"同学们这下学乖了，很有信心地回答说。

"好极了！"教授再一次称赞了这些"孺子可教"的学生们。称赞之后，教授从桌底下拿出一大瓶水，把水倒进那个看起来已经被鹅卵石、小碎石、沙子填满了的罐子。当这些事都做完之后，教授正色问他班上的学生："我们从上面这个例子可以得到什么重要的启示？"

班上一阵沉默，之后一位自以为聪明的学生回答说："无论我们的工作多忙，行程排得多满，如果要逼一下的话，还是可以多做些事的。"

这位学生回答完后心中很得意地想："这门课讲的就是时间管理嘛！"

教授听到这样的回答后点了点头，微笑道："答案不错，但并不是我要告诉你们的重要信息。"说到这里，这位教授故意顿住，把全班同学扫了一遍后一字一句地说："我想告诉各位最重要的信息是，如果你不先将大的鹅卵石放进罐子里去，以后你也许永远再没机会把它们放进去了。"

对于工作中林林总总的事件可以按重要性和紧急性的不同组合确定处理的先后顺序。做到鹅卵石、碎石子、沙子、水都能放到罐子里去。对于人生旅途中出现的事件也应如此处理。也就是平常所说的处在哪一年龄段要完成哪一年龄段应完成的事。否则，时过境迁，到了下一年龄段就很难有机会去补救了。（775字）

选自新浪微博，有改动

1. 孺子	（名）	rúzǐ	小孩子。
2. 林林总总	（形）	línlínzǒngzǒng	形容品种繁多。
3. 时过境迁		shíguò-jìngqiān	境：环境、情况。迁：移动、改变。随着时间的推移，情况发生变化。

练习

一、选择画线词语的恰当解释

1. 所有的学生异口同声地回答。 (　　)
   A. 大家意见不一致　B. 很多人说一样的话
   C. 大家说得都不一样　D. 不同的人，不一样的说法
2. 过了一会儿才有位学生怯生生地细声回答道："也许没满。" (　　)
   A. 懦弱　B. 恐惧　C. 惧怕　D. 胆小畏缩
3. 同学们这下学乖了，很有信心地回答说。 (　　)
   A. 聪明　B. 和谐　C. 顺利　D. 灵巧
4. 教授正色问他班上的学生："我们从上面这个例子可以得到什么重要的启示?" (　　)
   A. 脸色　B. 严肃　C. 温和　D. 平静
5. 说到这里，这位教授故意顿住，把全班同学扫了一遍后一字一句地说。 (　　)
   A. 停下　B. 突然　C. 迟钝　D. 立刻
6. 说到这里，这位教授故意顿住，把全班同学扫了一遍后一字一句地说。 (　　)
   A. 反复地看　B. 仔细地看　C. 用力地看　D. 快速地看

二、根据课文内容判断正误

1. 教授放完碎石子后，学生就开始不自信了。 (　　)
2. 放完沙子罐子就满了。 (　　)
3. 教授的实验和时间管理没什么关系。 (　　)
4. 教授这堂课是要告诉学生做事是有顺序的。 (　　)
5. 工作中我们也要按事情的重要性和紧急性的不同安排处理的先后顺序。 (　　)

三、根据课文内容回答问题

1. 这堂时间管理课上教授先做了什么?
2. 教授先后往罐子里放了什么?
3. 教授要告诉大家的最重要的信息是什么?
4. 在平常的学习和工作中我们应该怎么做?

MHK 三级演练

1–10 题，每段文字后有一个或几个问题，每个问题都有 ABCD 四个答案，请阅读后根据每题要求选择唯一正确的答案。

1

为了应对眼前的危机，病入膏肓的老虎只得召开森林大会。大会上，大家畅所欲言，最后

得出一个结论，那就是，要赶走猎人，必须先除掉猎狗。

【1】句中画线词语拼音正确的一项是：

A. 应对（yīngduì）　　B. 森林（sēnglíng）

C. 猎人（lièrén）　　D. 除掉（chúdào）

2

人生就像一道选择题。从出生的那一刻起，我们就开始不断地做着各种选择。但是，选择容易放弃难，懂得放弃是一种人生睿智。人只有两只手、一张嘴，能抓住的东西、能享受的美味只有那么多。人的精力、能力是有限的，从来没有真正意义上的“全能者”。只有学会放弃，才能集中精力与能力于选项上力求突破，最大限度地获得优势，才能安心做事、尽心做事，做成事、成大事。放弃也是一种理智的拥有。

【2】下面哪一项最适合做这段话的标题？

A. 人生要不断选择　　B. 人的精力能力是有限的

C. 人生能享受的是有限的　　D. 放弃也是一种理智的拥有

3–5

冰天雪地的北极，厚厚的冰层上面散落着一些冰窟窿——这是海豹的出气口。体形硕大、浑身雪白的北极熊晃动着略显笨拙的身躯，在这些出气口间__3__，期待着能够猎取到定时上来出气的海豹。北极熊这种主动进攻显然（5）不是明智之举，海豹通过北极熊行走时冰层的震动能够觉察到它的一举一动，并选择恰当的出气口。北极熊的来回奔波往往徒劳无功，曾经的踌躇满志已经被残酷的现实击得粉碎。

【3】文中__3__处应该填写的词语是：

A. 游泳　　B. 巡逻　　C. 徘徊　　D. 等候

【4】根据这段话可以知道：

A. 北极熊很笨

B. 北极熊猎捕海豹的经过

C. 海豹很容易被北极熊猎捕

D. 北极熊在冰窟窿之间来回走动是为了猎捕海豹

【5】根据文意，可以替换“显然”的词语是：

A. 鲜明　　B. 确定　　C. 表明　　D. 明显

6–7

北极熊的聪明在于，它掌握了身边事物发展的规律。它知道，在成功之前要经过漫长的等待和煎熬，过程是通往结果的必由之路。只有懂得等待，并在等待成功的过程中能够__7__住磨炼和打击，才能得到自己想要的结果。

【6】根据文意，下面正确的一项是：

A. 北极熊懂得等待　　B. 北极熊懂得要磨炼自己
C. 北极熊知道要经受打击　　D. 经过等待就能得到自己想要的结果

【7】文中__7__处应该填写的词语是：

A. 承担　　B. 承受　　C. 经历　　D. 担当

8–10

在海尔，张瑞敏__8__一种名为“OEC”的管理方法。“OEC”管理法也可表示为“日事日毕、日清日高”，即：当天的工作当天完成，每天工作要清理并要每天有所提高。“OEC”管理法由三个体系构成：目标体系、日清体系、激励机制。首先确立目标；日清是完成目标的基础工作；日清的结果必须与正负激励挂钩（9）才有效。

一句话，珍惜时间，管理时间，把更多的时间用在最需要的地方。时间多了，机会就多；机会的增加，必然促成目标的早日实现，生命就得以延续。善用时间，正是善用自己的生命。

【8】文中__8__处应该填写的词语是：

A. 推行　　B. 推动　　C. 推送　　D. 推断

【9】根据文意，可以替换“挂钩”的词语是：

A. 相互吸引　　B. 相互联系　　C. 相互刺激　　D. 相互固定

【10】下面哪一项最适合做这段话的标题？

A.“OEC”的管理方法　　B. 珍惜时间，管理时间
C. 善用时间，就是善用生命　　D. 把更多的时间用在最需要的地方

第11课

特色建筑

阅读1

福建客家土楼

福建土楼，因其大多数为福建客家人[①]所建，故又称“客家楼”。土楼产生于宋元，成熟于明末、清代和民国时期。它是以土、木、石、竹为主要建筑材料，将未经焙烧的沙质黏土和黏质沙土按一定比例拌和，用夹墙板夯筑而成的两层以上的房屋。

福建土楼作为福建客家人引以为豪的建筑形式，是福建民居中的瑰宝。同时又糅进了人文因素，堪称“天、地、人”三方结合的缩影。数十户、几百人同住一楼，反映了客家人聚族而居、和睦相处的家族传统。因此，一部土楼史，便是一部乡村家族史。土楼的子孙往往不用看族谱便能侃侃道出家族的源流。二宜楼位于华安县仙都镇大地村，它是我国圆土楼古民居的杰出代表，素有“土楼之王”“国之瑰宝”的美誉，它以规模宏大、设计科学、布局合理、保存完好闻名遐迩，为全国重点文物保护单位。2008年7月6日，包括二宜楼在内的46座福建土楼被正式列入《世界遗产名录》[②]。

现如今以土楼为代表的客家文化已成为福建客家人的象征。(396字)

1. 夯筑	（动）	hāngzhù	靠人力用工具将土一层层砸实。夯筑是古代建造房屋基础、墙、城、台基的主要技术。
2. 瑰宝	（名）	guībǎo	稀世之珍宝。
3. 闻名遐迩		wénmíng xiá'ěr	形容名声很大，远近都知道。

① 客家人：是我国广东、福建、江西、台湾等地原住民的主要组成部分，作为南方古代汉族移民群体，客家人是世界上分布范围广阔、影响深远的民系之一。

② 世界遗产名录：《世界遗产名录》是1976年世界遗产委员会成立时建立的。被世界遗产委员会列入《世界遗产名录》的地方，将成为世界级的名胜，可接受“世界遗产基金”提供的援助，还可由有关单位组织游客进行游览。由于被列入《世界遗产名录》的地方能够得到世界的关注与保护，提高知名度并能产生可观的经济效益和社会效益，各国都积极申报“世界遗产”。

一、选择画线词语的恰当解释

1. 同时又糅进了人文因素，堪称“天、地、人”三方结合的缩影。 （　　）
   A. 擦　　B. 搓　　C. 掺杂　　D. 并入
2. 同时又糅进了人文因素，堪称“天、地、人”三方结合的缩影。 （　　）
   A. 缩小的影像　　B. 微小的象征
   C. 缩小了的影子　　D. 同一类型事物中具有代表性的一个
3. 土楼的子孙往往不用看族谱便能侃侃道出家族的源流。 （　　）
   A. 夸夸其谈　　B. 说话很流利
   C. 用言辞嘲弄、戏谑　　D. 说话理直气壮，从容不迫
4. 它以规模宏大、设计科学、布局合理、保存完好闻名遐迩。 （　　）
   A. 用　　B. 因为　　C. 以为　　D. 作为

二、根据课文内容判断正误

1. 福建土楼都是福建客家人所建。 （　　）
2. 宋元时期出现了土楼。 （　　）
3. 数十户、几百人同往一楼，反映了客家人聚族而居、和睦相处的家族传统。 （　　）
4. 二宜楼是全国重点文物保护单位，还被正式列入《世界遗产名录》。 （　　）
5. 了解了一座土楼的历史，也就了解了家族史。 （　　）

三、根据课文内容回答问题

1. 福建土楼有什么建筑特点？
2. 怎样理解文中“堪称‘天、地、人’三方结合的缩影”这句话？
3. 请简单介绍一下二宜楼。

四、自由谈

请说一说你家乡的建筑风格。

阅读 2

故宫角楼与蝈蝈笼

故宫的四个城角，每一个角上有一座九梁十八柱七十二条脊的角楼，非常好看。这四座角楼是怎么盖的呢？

传说明朝的燕王朱棣在南京做了永乐皇帝以后，想迁都北京，于是就派了亲信大臣做管工大臣到北京盖皇宫。他要求在皇宫外墙——紫禁城的四个犄角上，

盖四座样子特别美丽的角楼，每座角楼要有九梁十八柱、七十二条脊，并且说如果修盖不好就杀头。管工大臣领了皇帝的谕旨后，心里非常发愁，不知如何盖这闻所未闻的角楼。

管工大臣到了北京以后，就把八十一家大包工木厂的工头、木匠们都叫来，跟他们说了皇帝的旨意，并且说："限期三个月，如果盖不成，我和你们都要掉脑袋！"工头和木匠们对这样的工程都没把握，只好常常在一块琢磨法子。

一转眼一个月过去了，工头和木匠们还没想出一点儿头绪来，他们做了许多样型，都不合适。这时候正赶上六七月的三伏天气，热得人都喘不上气来，加上心里烦闷，工头和木匠们真是坐也不合适，躺也不合适。有这么一位木匠师傅，实在待不住了，就上大街闲遛去了。

走着走着，听见老远传来一片蝈蝈的吵叫声，接着又听见一声吆喝："买蝈蝈，听叫去，睡不着，解闷儿去！"走近一看，是一个老头儿挑着许多大大小小的秫秸编的蝈蝈笼子，在沿街叫卖。其中有一个细秫秸棍插的蝈蝈笼子，精巧得跟画里的一座楼阁一样，里头装着几只蝈蝈。木匠师傅想这么好看的笼子，看着也有趣儿，于是就买下了。

这个木匠提着蝈蝈笼子，回到了工地。大伙儿一看就吵嚷起来了："大家都心里怪烦的，你怎么买一笼子蝈蝈来，成心吵人是怎么着？"木匠笑着说："大家睡不着解个闷儿吧，你们瞧……"他原想说你们瞧这个笼子多么好看呀！可是他还没说出嘴来，就觉得这笼子有点儿特别。他急忙摆着手说："你们先别吵吵嚷嚷的，让我数数再说。"他把蝈蝈笼子的梁啊、柱啊、脊呀细细地数了一遍又一遍。大伙被他这一数，也都静静地瞪着眼睛看着，一点儿声音也没有。

木匠数完了蝈蝈笼子，蹦起来一拍大腿说："这不正是九梁十八柱七十二条脊么？"大伙一听都高兴了，这个接过笼子数数，那个也接过笼子数数，真是九梁十八柱、七十二条脊的楼阁啊！

大伙儿受这个笼子的启发，琢磨出了紫禁城角楼的样子，烫出纸浆做出样型，最后修成了到现在还存在的角楼。（894字）

选自北京旅游网，有改动

1. 犄角　（名）　jījiǎo　〈口语〉物体两个边沿相接的地方；棱角。
2. 吆喝　（动）　yāohe　大声喊叫。
3. 秫秸　（名）　shújie　去掉穗的高粱秆；中原地区也称玉米秸秆为秫秸。

练习

一、选择画线词语的恰当解释

1. 工头和木匠们对这样的工程都没把握，只好常常在一块琢磨法子。（　　）
   A. 想办法　B. 考虑问题　C. 研究结果　D. 雕刻模型
2. 一转眼一个月过去了，工头和木匠们还没想出一点儿头绪来。（　　）
   A. 条理　B. 思维　C. 头脑　D. 思绪
3. 一个老头儿挑着许多大大小小的秫秸编的蝈蝈笼子，在沿街叫卖。（　　）
   A. 街道旁边　B. 大马路上　C. 大街对面　D. 顺着街道
4. 你怎么买一笼子蝈蝈来，成心吵人是怎么着？（　　）
   A. 小心　B. 粗心　C. 故意　D. 大意
5. 他还没说出嘴来，就觉得这笼子有点儿特别。（　　）
   A. 特地　B. 格外　C. 特殊　D. 尤其

二、选词填空

限期　把握　精巧　闻所未闻　启发

1. 你说的这件事真是（　　），太稀奇了。
2. 广东茂名市非实名手机被限制通话，（　　）90 天内补办实名认证手续。
3. 出版商奈杰尔·迪林心中对这份杂志的成功很有（　　）。
4. 这是一件构造（　　）的工艺品，在拍卖会上卖出了好价钱。
5. 这个故事使我受到了很大的（　　）。

三、根据课文内容回答问题

1. 朱棣为什么要在北京盖皇宫？
2. 皇帝的谕旨是什么内容？
3. 那位木匠师傅为什么要买蝈蝈？
4. 最后角楼是怎么修成的？

阅读 3

高台民居——喀什古城的精髓

喀什是维吾尔语“喀什噶尔”音译的简称。喀什是个拥有两千多年历史的文化名城，古称疏勒。这座名城的灵魂在老城，而老城的精髓则是高台民居了。奇特的高台民居、迷宫式的古老街巷是维吾尔建筑文化的集中荟萃，代表了这个城市古老的过去。

穿过现代繁华的喀什新城区，隔河望去，一堆高低不齐的灰土物突兀在高台之上，与现代化新城形成强烈的反差，这就是高台民居了。

高台民居建在老城东南一处高40多米、长800多米的黄土高崖上，居住着600多户4000多人。站在高台上，远望北面也能看到一些高台上的零星建筑，那就是原老城的核心，当年的王宫所在地。历史上，南面与北面是连在一起的，数百年前的一次从帕米尔高原突如其来的大山洪把高崖地带冲出一个大缺口，从此南北隔断，形成各自独立的两个高坡，南崖是手工艺者集聚的高台民居，北崖是王宫和贵族居住地。这座建于公元9世纪中期，曾经是古丝绸之路上盛极一时的“安西四镇”之一的古城，今日仅存寥寥无几的遗迹，诉说着昔日的辉煌。

拾级而上，走进民居深处，恍如穿越时空隧道。导游告诉我，维吾尔人对家和故土的眷恋和敬畏，是故城民居形成的主因。他们有这样一种风俗，家族人每增加一代，就在祖辈的房子上加盖一层，或者向四周加建，依势而建，无须规划，没有规则，任意建造，如此一代一代延续，形成了房连房、楼靠楼、层层叠叠的格局。“过街楼”“半街楼”“悬空楼”比比皆是。从远处望去就像立在小巷内的炮楼或是碉堡。这些未经规划、随意建造的楼上楼、楼外楼，又排列出幽深、四通八达、曲曲弯弯、忽上忽下的喀什高台民居小巷。走在50多条巷道里，犹如进入一个规模宏大的迷宫。这迷宫般的小巷和奇特的房屋建筑就一起构成了这个民居步移景异的风景，是建筑史上的奇葩。（750字）

选自新浪微博，有改动

1. 拾级而上　　shèjí’érshàng　一个台阶一个台阶地向上登。
2. 比比皆是　　bǐbǐ jiē shì　到处都是，形容极其常见。
3. 幽深　（形）　yōushēn　幽静而深远。

练习

一、选择画线词语的恰当解释

1. 奇特的高台民居、迷宫式的古老街巷是维吾尔建筑文化的集中荟萃。（　　）

   A. 表现　B. 完成　C. 成就　D. 汇集

2. 穿过现代繁华的喀什新城区，隔河望去，一堆高低不齐的灰土物突兀在高台之上。（　　）

   A. 鼓出来　B. 突然显露　C. 高耸的样子　D. 突然急剧地变化

3. 今日仅存寥寥无几的遗迹，诉说着昔日的辉煌。（　　）

A. 非常少　B. 非常空旷　C. 非常静寂　D. 非常高远

4. 拾级而上，走进民居深处，恍如穿越时空隧道。（　　）

A. 摇动；摆动　B. 仿佛；好像　C. 向两边摆动　D. 很快地闪过

5. 走在 50 多条巷道里，犹如进入一个规模宏大的迷宫。（　　）

A. 犹豫　B. 真的　C. 照旧　D. 似乎

6. 这迷宫般的小巷和奇特的房屋建筑就一起构成了这个民居步移景异的风景，是建筑史上的奇葩。（　　）

A. 奇妙的趣味　B. 奇异的花草

C. 跟寻常的不一样　D. 奇特而美丽的花朵

二、根据课文内容选择正确答案

1. 作者认为喀什古城的精髓是：（　　）

A. 歌舞　B. 高台民居　C. 悠久历史　D. 建筑文化

2. 喀什新城区对岸是：（　　）

A. 灰色土堆　B. 高台民居　C. 城市拆迁处　D. 现代化新城

3. 从帕米尔高原来的山洪冲出缺口，形成两个高坡，北面：（　　）

A. 保留完好　B. 只剩遗迹　C. 有一座王宫　D. 被称为“安西四镇”

4. 高台民居建造：（　　）

A. 要求很严　B. 规划详细　C. 比较随意　D. 手续烦琐

5. 高台民居小巷的特点不包括：（　　）

A. 四通八达　B. 曲曲弯弯　C. 忽上忽下　D. 宽敞明亮

6. 从文中看出作者对高台民居的态度是：（　　）

A. 赞赏　B. 眷恋　C. 敬畏　D. 崇拜

三、根据课文内容回答问题

1. 高台民居有什么建筑特点？

2. 请谈一谈你如何理解“这迷宫般的小巷和奇特的房屋建筑就一起构成了这个民居步移景异的风景，是建筑史上的奇葩”这句话。

阅读 4

历史悠久的西安回民街

西安回民街是西安著名的美食文化街区，是西安特色小吃最集中的街区，也是来西安必去的地方。其历史悠久，距今已有上千年历史。

据说回民街过去是商业繁华之街，商贾云集，风光无两，街上名店鳞次栉比，名产驰誉全国。据说有108家粮行，有宰牛、宰鸭的数十家，无论是不是赶集，都热闹非凡。如今这里矮矮的民居屋顶上，如蜘蛛网一样的电线四通八达，纵横交错，从前那种人声鼎沸的场面早就无法企及。

今天，回民街作为饮食集中的街区而出名。这里虽然被当作了针对外地游客的旅游点，但其实当地居民一直把这里当作吃小吃、逛街休闲的主要场所，尤其是夏天的夜市上在此吃饭纳凉消磨时间的市民更多。晚上的回民街有着与白天不同的精彩，整条街被浓厚的市井气息笼罩，道路两旁遍布挂着电灯、汽灯的各种摊铺，主要贩卖糕饼、干果、蜜饯、小吃。这些小摊儿后面则是许多经营当地风味小吃的饭馆，人多时，不光店里人满为患，连店门口也会摆满桌椅。熙熙攘攘的人群都是边逛边吃，看到小摊儿上中意的东西就和摊主还还价，一切都充满真实热闹的生活热情。(434字)

选自好搜百科，有改动

1. 鳞次栉比	líncì-zhìbǐ	像鱼鳞和梳子的齿一样，一个挨着一个地排列着，多用来形容房屋等密集。
2. 触手可及	chù shǒu kě jí	近在手边，一伸手就可以接触到。
3. 人声鼎沸	rénshēng-dǐngfèi	人群发出的声音像水在锅里沸腾一样，形容人声嘈杂喧闹。
4. 熙熙攘攘（形）	xīxī-rǎngrǎng	形容人来人往，非常热闹。

练习

一、选择画线词语的恰当解释

1. 商贾云集，风光无两。（　　）

A. 很强　B. 没有两个　C. 再没出现过　D. 没有能相比的

2. 街上名店鳞次栉比，名产驰誉全国。（　　）

A. 非常有名　B. 驰名中外　C. 声誉传播很快　D. 声誉传播很远

3. 无论是不是赶集，都热闹非凡。（　　）

A. 正好赶上集市　B. 到市场上买东西　C. 到市场上卖东西　D. 到集市上买卖货物

4. 从前那种人声鼎沸的场面早就无法企及。（　　）

A. 超越　B. 配得上　C. 盼望赶上　D. 希望得到

二、根据课文内容判断正误

1. 西安回民街是西安大型商厦最集中的街区。（　　）
2. 回民街过去是商业繁华的街区。（　　）
3. 回民街最早形成于唐朝。（　　）
4. 西安当地居民喜欢来回民街纳凉。（　　）
5. 逛街的人们在饭馆吃饭的时候会和店主讨价还价。（　　）

三、根据课文内容回答问题

1. 请介绍一下回民街的历史。
2. 请介绍一下现在的回民街是什么样的。

四、自由谈

请介绍你家乡的一个著名景点。

MHK 三级演练

1–10 题，每段文字后有一个或几个问题，每个问题都有 ABCD 四个答案，请阅读后根据每题要求选择唯一正确的答案。

1

他是土生土长的南京人，他十分关注社会底层的平民生活，以一个画家的敏锐视角和同情心来观察世态百相，从中体察民情，感受民风，并通过作品来表达民意。他所创作的人物画恬淡、适意、神采飞扬而又充满生活情趣和人生况味，塑造了一批神韵十足而又俏皮可爱的小人物，勾勒出二十世纪五六十年代南京的市井生活场景，富有浓郁的生活气息。

【1】句中画线词语拼音正确的一项是：（　　）

A. 底层（dīcéng）　B. 塑造（suòzào）　C. 俏皮（xiāopí）　D. 浓郁（nóngyù）

2–3

有数据显示，截至 2013 年，我国博物馆数量已达 4000 余家，还有一些城市提出打造“博物馆城”。几乎所有的城市都有自己的博物馆，一些城市还不止一座，而且一半以上的博物馆都是免费的。可真要走进博物馆却会发现，博物馆离生活太远，很多博物馆门可罗雀。很多人不要说一年，甚至就从来没有去过博物馆。这种对博物馆的选择性忽视，实在让人痛心。

【2】从文中可知：（　　）

A. 我国博物馆数量很少　B. 博物馆太远不方便去

C. 很多人都不去博物馆　D. 所有的博物馆都不收费

【3】对于很多人不去博物馆的现状，作者的态度是：（　　）

A. 庆幸　　B. 伤心　　C. 愤怒　　D. 无所谓

4–6

当少儿国学教育成为一个新的热点时，浮躁之气和形式之风便也跟随而来。李奇自称是一位“国学粉丝”，也希望自己的孩子能够更多地接受国学教育。他曾经在日本留学、工作多年，对日本的中小学普遍进行中国国学教育深有感触（4），归国后也曾带孩子试听过几家国学培训班的课程，但最后并没有选择在这些培训班上课。因为他觉得这些国学讲师的水平实在不敢恭维（5），有的甚至缺少对国学起码的敬畏之心，虽然培训班也会让孩子们进行围棋、古琴、书法的练习，但大都是走马观花、流于形式。

【4】下面哪个词语能表达文中“感触”的意思？（　　）

A. 感觉　　B. 感受　　C. 接触　　D. 触觉

【5】文中画线句子的意思是：（　　）

A. 这些国学讲师的水平很高　　B. 这些国学讲师的水平很差

C. 这些国学讲师喜欢被人恭维　　D. 这些国学讲师喜欢恭维别人

【6】李奇没选择这些培训班的原因不包括：（　　）

A. 授课老师水平不高　　B. 培训课程单一枯燥

C. 培训课程流于形式　　D. 授课老师对国学不太尊重

7–10

记者：关于考研，你觉得应该如何选择报考院校？

刘灏：首先要确定想研究的领域，想发展的区域，然后再根据学校排名进行有梯度的选择，可以利用 SWOT 或简单列表的方式进行实际分析，最后再确定具体选择。导师的选择亦是同理。至于信息的收集，可时常关注学校官方网站；学校的老师、一起考研的小伙伴以及之前考研保研的学长都能提供很多有用的信息、很大的帮助。

记者：考研从什么时候开始准备最好？

刘灏：保研或者考研其实都不是一朝一夕的事情，最好的方法还是平日的持续学习和关键时期的重点学习，还有很重要的一点就是及时掌握相关信息。

记者：你对未来有什么打算？

刘灏：我决心从事语言相关工作，无论具体是外交、外贸、教育，还是翻译等领域，自己唯一不变的是持续不断的学习。

记者：请给广大的考研者＿8＿一下你的考研经验。

刘灏：一是读书，专业书要读好，除此之外，要博览群书，人文类的书对本专业也有很大的帮助；二是坚持，无论遇到多大的困难都不要停止前进的步伐，“持之以恒”才能收获成功。

【7】关于收集信息的渠道，文中没有提到的是：（　　）

A. 学校的老师　　B. 学校官方网站　　C. 打算考研的学弟　　D. 一起考研的同学

【8】文中__8__处应该填写的词语是：（ ）

A. 传授 B. 传说 C. 传染 D. 传播

【9】刘灏成功的秘诀在于：（ ）

A. 参加保研 B. 选对学校 C. 持之以恒 D. 提早准备

【10】请给这段采访加一个标题：（ ）

A. 如何选择专业 B. 考研经验分享

C. 对未来的期望 D. 如何把书读好

第12课

传统节日与风俗

阅读1

民间情人节

提起中国情人节，大家一定会想到农历七月初七的“七夕节”。但除此之外，民间还有元宵节也是情人节的说法，元宵节被称为“民间情人节”。

古时候就流传着这样的说法，元宵灯节是男女青年与情人相会的节日。元宵灯会给未婚男女相识提供了一个机会，未婚男女借着赏花灯也顺便可以为自己物色对象。古时的女子特别是大家闺秀或小家碧玉，都是“三步不出闺门”的，只有到了元宵节才可以出来夜游观灯，甚至和男友幽会谈情。妇女们打扮得花枝招展，成群结队招摇过市，不只是为了观灯，还要看人。

元宵节这天，到处都张灯结彩，装亭子耍社火，走村串社。在展示民间才艺的同时，确实是给男男女女互相接近、互相认识提供了很好的机会。元宵节不仅包含有丰富的民俗活动，也因古时男女赏灯成为中国民间一个浪漫而充满诗情画意的节日，是古时青年“自由恋爱”的佳期。民间演绎的那些爱情故事，就足以证明元宵节也是咱“民间情人节”的说法了。（381字）

选自山西新闻网，有改动

1. 大家闺秀		dàjiā-guīxiù	指世家望族中才貌双全、品行优良的女子，也泛指有钱有势人家的女儿。
2. 小家碧玉		xiǎojiā-bìyù	指小户人家美丽的年轻女子。
3. 社火	（名）	shèhuǒ	民间在节日举行的传统庆典狂欢活动。也是高台、高跷、旱船、舞狮、舞龙、秧歌等的通称，具体形式随地域而有较大差异。

练习

一、根据课文内容判断正误

1. 中国民间情人节是七夕节。（　　）

2. 在我国古代未婚女子只有元宵节才能出门。（ ）

3. 妇女们在元宵节出门是为了观赏花灯。（ ）

4. 元宵节那天街头有很多热闹的民间才艺展示。（ ）

二、连线组词组

A		B	
提供	结彩	大家	招展
物色	碧玉	花枝	过市
小家	机会	诗情	画意
张灯	对象	招摇	闺秀

三、根据课文内容回答问题

1. 中国传统情人节都有哪些？
2. 为什么说元宵节是男女青年与情人相会的节日？
3. 元宵节这天，妇女们一般都会做什么？
4. 为什么元宵节会被称为“民间情人节”？

四、自由谈

你们那儿有哪些传统节日？请选择一个，介绍一下它的起源和习俗。

阅读 2

醇香的蒙古族待客礼

蒙古族为中国少数民族之一，13 世纪初以成吉思汗为首的蒙古部统一了蒙古地区诸部，逐渐形成了一个新的民族共同体。“蒙古”也就由原来的部落名称变为民族名称，其民族的风俗习惯具有鲜明的民族烙印。

热情好客、待人诚恳是蒙古族人民的传统美德。蒙古民族对来客，不论是熟人还是陌生人，一见面总是热情问候：“塔赛奴（您好）！”随后主人把右手放在胸前，微微躬身，以邀请客人进蒙古包。之后全家老少围着客人一同坐下，热情问候。

平常待客，在喝奶茶之后，慷慨大方的主人总是把香甜的黄油、奶皮、醇香的奶酒、酥脆的油炸馃子和炒米、奶豆腐、奶酪以及独具草原风味的手扒肉一一摆在客人面前，请客人痛饮饱餐。主人若对客人表示特别敬意，常把奶壶、酒壶托在哈达上端出来，有时还唱一些表示欢迎和友好的歌曲来劝酒，客人接杯畅饮，主人就格外高兴。遇到宴请特别尊贵的客人或祭典，常摆整羊席。当客人告别的时候，主人常常是举家相送，指明去路，祝客人一路平安，欢迎再次光临。（413 字）

选自中文百科在线，有改动

1. 部落　（名）　bùluò　　一般指原始社会由若干血缘相近的宗族、氏族结合而成的集体。形成于原始社会晚期（即旧石器时代的中期和晚期）。有较明确的地域、名称、方言、宗教信仰和习俗，有由氏族酋长和军事首领组成的部落议事会，部分部落还设最高首领。
2. 烙印　（名）　làoyìn　　烫在人、动物或器物上的火印。多比喻不易磨灭的痕迹。
3. 醇香　（形）　chúnxiāng　　指味纯而香。

练习

一、根据课文内容判断正误

1. 蒙古族是 13 世纪中叶逐渐形成的。（　　）
2. 蒙古族对所有的客人都很热情。（　　）
3. 待客时，蒙古族通常先请客人喝奶茶。（　　）
4. 根据蒙古族的礼节，客人们喝酒时只能象征性地抿几口。（　　）

二、选词填空

格外　　慷慨　　鲜明　　烙印

1. 信息的电子转换与之形成（　　）对比。
2. 第二次世界大战在他身上留下了深刻的（　　）。
3. 那是我第一次去欧洲，（　　）兴奋。
4. 他亲切而又（　　）地给孩子们分发礼物。

三、根据课文内容回答问题

1. 请简单介绍一下“蒙古”这个民族名称的由来。
2. 接待来客时，蒙古族主人是如何邀请客人进蒙古包的？
3. 请列举蒙古族的传统美食。
4. 蒙古族是如何招待贵客的？

四、自由谈

你们那儿的待客礼是怎样的？请谈一谈。

阅读3

端午节的起源

农历五月初五，是我国传统的端午节。端午节的起源有两种说法，一说是为了纪念屈原，一说源于田文端午立新规。

据说当初屈原投江之后，每逢五月五日屈原的忌日，人们都把米饭扔到河里纪念屈原。一天晚上，有人梦见屈原面黄肌瘦，就连忙上前询问。原来，百姓投往河里的米饭，都被鱼鳖虾蟹吃掉了。屈原无食充饥，所以日渐消瘦。那人左思右想，不知怎样才能不让鱼鳖虾蟹吃米饭。屈原告诉他，如果用箬叶包饭，做成尖角的角黍（即粽子），鱼鳖虾蟹见了，以为是菱角，它们就不敢再吃了。那人醒后，就把此梦转告给乡邻。第二年的端午节，人们就照梦中屈原说的方法去做。不久，屈原又托梦给那人，感谢大家送去的粽子。后来，人们都这样去做，渐渐形成了包角粽的习惯。

老百姓把源于田文的说法都称为“躲五”。传说古代的时候，人们把五月称为恶月，五月五日为恶日，此日生的孩子为“五日子”。“五日子”是父母的克星，谁也不敢抚养。齐国的田文是“五日子”，父亲几次要害死他，多亏母亲保护，他才幸免于难。但父亲命令他，每到五月初五这天，他必须到外祖母家去“躲五”。田文长大以后，做了宰相，便下令改“躲五”为“端午”，说五月五日是个端端正正的吉利日子，此日生的孩子一律不准加害，也无须到外祖母家去“躲五”。自此以后，便有了端午节。（528 字）

选自百度网，有改动

1. 忌日	（名）	jìrì	先辈去世的日子。按照传统习俗，这一天禁忌宴会、饮酒及各种娱乐活动，因此称“忌日”。
2. 面黄肌瘦		miànhuáng-jīshòu	面：脸。肌：肌肉；代指身体。面色发黄，身体消瘦。形容人久病体衰或营养不良的样子。
3. 箬叶	（名）	ruòyè	一叶兰，其叶子是制作粽子必不可少的材料。

练习

一、选择画线词语的恰当解释

1. 屈原无食<u>充饥</u>，所以日渐消瘦。 （　　）

A. 解馋　　B. 装饿　　C. 解饿　　D. 变饿

2. 屈原无食充饥，所以日渐消瘦。　（　　）

A. 突然　B. 一直　C. 非常　D. 一天比一天

3. 那人左思右想，不知怎样才能不让鱼鳖虾蟹吃米饭。　（　　）

A. 左顾右盼　B. 朝思暮想　C. 翻来覆去　D. 思来想去

4. 多亏母亲保护，他才幸免于难。　（　　）

A. 避免灾祸　B. 脱离苦海　C. 幸灾乐祸　D. 三生有幸

5. 此日生的孩子一律不准加害，也无须到外祖母家去"躲五"。　（　　）

A. 务必　B. 必须　C. 最好　D. 不必

二、根据课文内容选择正确答案

1. 关于端午节，下面说法错误的一项是：　（　　）

A. 是为了纪念屈原　B. 是每年阳历 5 月 5 日

C. 这天人们要包角粽　D. 起源于田文端午立新规

2. 关于屈原，下面说法正确的一项是：　（　　）

A. 喜欢吃菱角　B. 喜欢吃箬叶包的饭

C. 端午节是他去世的日子　D. 托梦给百姓是因为鱼虾要吃他

3. "五日子"是指：　（　　）

A. 每年的农历五月初五　B. 恶月恶日出生的孩子

C. 端端正正的吉利日子　D. 害死亲生父母的孩子

4. 关于田文，下面说法错误的一项是：　（　　）

A. 被父亲害死了　B. 长大后做了宰相

C. 把"躲五"改成了"端午"　D. 小时候每年端午都要离开家去"躲五"

三、根据课文内容回答问题

1. 端午节的起源有哪几种说法？请介绍一下。
2. 端午节这天，人们为什么要包角粽？
3. 田文为什么要"躲五"？
4. 在田文的故事里，"端午"这个名字是怎么来的？

四、自由谈

你还知道哪些民间传说？请介绍一个。

阅读 4

泼水节为何要泼水

泼水节是傣族、德昂族最盛大的传统节日，多在每年四月中旬举行，迄今已有700年的历史。当日，泰国、老挝、缅甸、柬埔寨等国以及中国云南等地，人们清早起来便沐浴，之后便开始连续几日的庆祝活动。这期间，大家用纯净的清水相互泼洒，祈求洗去过去一年的不顺，新的一年带着美好的愿望再次出发。

泼水节是傣族最隆重的节日，也是云南少数民族节日中影响面最大、参加人数最多的节日。一般持续三至七天。第一天傣语叫"麦日"，意思是送旧，与农历的除夕相似。此时人们要收拾房屋，打扫卫生，准备年饭和节间的各种活动。第二天叫"恼日"，"恼"意为空，按习惯这一日既不属前一年，亦不属后一年。第三天是新年，叫"叭网玛"，意为守岁。人们把这一天视为最美好、吉祥的日子。

民间关于泼水节的来历，有很多种版本，其中有一种是这样说的：传说从前有一个无恶不作的魔王霸占了美丽富饶的西双版纳，并抢来七位美丽的姑娘做他的妻子。姑娘们满怀仇恨，合计着如何除掉魔王。一天夜里，年纪最小的姑娘侬香用最好的酒肉把魔王灌得酩酊大醉，使他吐露出自己致命的弱点。原来这个天不怕地不怕的魔王，就怕用他的头发勒住自己的脖子。机警的侬香小心翼翼地拔下魔王一根红头发，勒住他的脖子。果然魔王的头瞬间就掉了下来。可这魔头掉在地上变成一团火球，滚到哪里，邪火就蔓延到哪里。竹楼被烧毁，庄稼被烧焦……为了扑灭邪火，侬香毅然决然揪住了魔王的头，并把它抱在怀里，其他六位姑娘轮流不停地向上面泼水，终于在傣历的六月把邪火扑灭了。乡亲们开始了安居乐业的生活。从此，便有了逢年泼水的习俗。（651字）

选自散文网，有改动

1. 迄今	（动）	qìjīn	直至现在。
2. 酩酊大醉		mǐngdǐng-dàzuì	形容醉得很厉害。
3. 毅然决然		yìrán juérán	意志坚决，毫不犹豫。

练习

一、根据课文内容选择正确答案

1. 关于泼水节，下面说法错误的一项是：（　　）

   A. 到目前已有700年的历史

   B. 于每年4月25日前后举行

   C. 是傣族、德昂族最隆重的传统节日

   D. 除了中国云南，还有很多国家也庆祝这个节日

2. 傣族的泼水节：（　　）

A. 一共有三天　　B. “叭网玛”是新年的第一天

C. “麦日”与除夕相似，要守岁　　D. “恼日”是一年中的最后一日

3. 魔王最大的弱点是什么？　（　　）

A. 怕水　　B. 怕火

C. 怕喝酒　　D. 怕用自己的头发勒脖子

4. 拔下魔王的头发后，以下哪项没有提到？　（　　）

A. 魔王的头掉了下来　　B. 魔王的头变成了火球

C. 竹楼、庄稼都被火烧毁了　　D. 姑娘们把魔王的头投进湖里

二、选词填空

祈求　　盛大　　迄今　　小心翼翼　　致命

1. 古老的司徒庙，(　　) 已有一千多年的历史。
2. 古代的帝王们在天坛祭天，(　　) 能够风调雨顺。
3. 我（　　）地揭开油布，仿佛鉴赏一枚巨大的纪念邮票。
4. 美国硅谷企业竞争十分激烈，以至于各公司都积极寻找自己的（　　）弱点。
5. 10 月 1 日，天安门广场举行了（　　）的阅兵仪式。

三、根据课文内容回答问题

1. 泼水节人们为什么要用清水相互泼洒？
2. 傣族泼水节共有几天？都有什么含义？
3. 魔王有什么弱点？侬香是怎么得知的？
4. 根据传说，泼水节泼水的习俗是如何形成的？

MHK 三级演练

1–10 题，每段文字后有一个或几个问题，每个问题都有 ABCD 四个答案，请阅读后根据每题要求选择唯一正确的答案。

1

据统计，我国有 24.7% 的家庭存在家庭暴力，而多数受害人为妇女、儿童、老人等家庭弱势群体；青少年罪犯中有 10% 生活在家暴环境中。数据还显示，家暴受害人平均遭受 35 次家暴后才选择报警。由于家庭暴力具有隐蔽性、反复性、周期性和长期性等特点，且对社会潜在危害巨大，对家庭暴力的预防显得尤为重要。

【1】句中画线词语拼音正确的一项是：　（　　）

A. 群体（qúntǐ）B. 遭受（zhāoshòu）　C. 隐蔽（wěnbì）　D. 潜在（qiǎnzài）

2–3

由于购物和节日走亲访友出行高度集中，预计市区建设路、新华路、芦淞路、石宋路等城区主干道车流量较平时有所增加，同时市内公园周边道路交通流量较平时也将有大幅增加，在每天的16时30分至18时30分的晚高峰时段极易发生交通__2__。预计京港澳高速株洲西收费站、沪昆高速株洲东收费站、沪昆高速株洲北收费站在国庆放假前后节后上班前形成潮汐车流，将产生通行__3__的情况。

【2】文中__2__处应该填写的词语是： （ ）

A. 拥堵 B. 堵路 C. 堵车 D. 堵住

【3】文中__3__处应该填写的词语是： （ ）

A. 快速 B. 速度 C. 停止 D. 缓慢

4–6

清朝在北京西郊建造了一个规模宏伟的皇家园林——圆明园，被称为“万园之园”。这里有山有水，比皇宫大院更舒适（4），摆脱了紫禁城高墙的封闭、格状建筑的单调，特别是夏季的燥热。正因这样，圆明园从它建成开始，直到被烧掉为止，就成了雍正、乾隆、嘉庆、道光、咸丰这五朝皇帝长年居住生活的地方。

这几朝皇帝都是在紫禁城里过年，一般在正月十五元宵节前，再搬到圆明园来。太后、后妃、皇子、公主等家属，也随着搬进园子。等到入冬后，再由圆明园搬回皇宫大内。每年这样两次浩浩荡荡的大迁居，当时称为“大搬家”。

【4】下面哪个词语能表达文中“舒适”的意思？ （ ）

A. 合适 B. 舒心 C. 舒服 D. 适合

【5】清朝的五朝皇帝为什么长年居住在圆明园？ （ ）

A. 圆明园更安全 B. 圆明园的面积更大

C. 圆明园的夏天很热闹 D. 圆明园的风景宜人环境舒适

【6】关于“大搬家”，文中没提到的是： （ ）

A. 每年夏天住在圆明园 B. 每年冬天搬回皇宫大内

C. 过完元宵节再搬到圆明园 D. 家属和皇帝一起来回搬家

7–10

根据《中华人民共和国民事诉讼法》的相关规定以及《最高人民法院关于公布失信被执行人名单信息的若干规定》，本院决定对下列具有履行能力而不履行生效法律文书确定的义务的被执行人向社会予以公布，责令其主动到人民法院申报财产状况，并履行义务，否则将依法对其采取罚款、拘留等强制措施，并纳入最高人民法院失信被执行人名单库。

另，根据《最高人民法院关于限制被执行人高消费的若干规定》，本院将失信被执行人名单信息，向金融机构、公安、工商、房地产管理、城市建设管理等执行联动单位通报，对有履行能力而消极履行、规避（8）执行或者抗拒执行的被执行人，在信贷、车辆登记审验、出入境、工商登记、房地产登记、建设资质审验等方面予以严格限制。被执行人为自然人的，不得有以下以其财产支付费用的行为：一、乘坐交通工具时，选择飞机、列车软卧、轮船二等以上舱位；二、在星级以上宾馆、酒店、夜总会、高尔夫球等场所进行高消费；三、购买不动产或者新建、扩建、高档装修房屋；四、租赁高档写字楼、宾馆、公寓等场所办公；五、购买非经营必需车辆；六、旅游、度假；七、子女就读高收费私立学校；八、支付高额保费购买保险理财产品；九、其他非生活和工作必需的高消费行为。

被执行人为单位的，禁止被执行人及其法定代表人、主要负责人、影响债务履行的直接责任人以单位财产实施上述行为。

【7】什么人会被纳入最高人民法院失信被执行人名单库？　（　　）

A. 主动申报财产状况，并履行义务的自然人

B. 主动申报财产状况，并履行义务的被执行人

C. 有履行能力而不履行生效法律文书确定的义务的自然人

D. 有履行能力而不履行生效法律文书确定的义务的被执行人

【8】下面哪个词语能表达文中画线词语“规避”的意思？　（　　）

A. 规定　B. 规范　C. 躲避　D. 避免

【9】被纳入失信被执行人名单的自然人：　（　　）

A. 不能购买车辆　B. 可以在当地买房

C. 不能去酒店吃饭　D. 出行时可以乘坐火车硬座

【10】这段文章是一份：　（　　）

A. 商业合同　B. 法院公告　C. 罚款通知单　D. 法院判决书

第 13 课

异彩纷呈的民族精粹

阅读 1

你方唱罢我登场

京剧是流行全国、影响最大、最具有代表性的剧种。它的前身为徽调，通称皮黄戏，曾一度称为“平剧”，后改称京剧，有近两百年的历史。

清朝乾隆年间徽调进入北京，吸收了昆腔、秦腔的部分剧目、音乐曲调、表演方法和一些民间曲调，演变发展为京剧。

京剧在表演上歌舞并重，融入了武术技巧，多用虚拟性动作，节奏感强，创造了许多程式性的表演动作。演唱时讲究行腔吐字，念白具有音乐性，在唱、念、做、打方面自成京剧艺术体系，对各地剧种影响很大。

京剧的角色根据男女老少、俊丑正邪分成生、旦、净、丑四大行当，以演历史故事为主。它的富有装饰性和夸张性的人物造型——脸谱，是显示人物性格、辨认善恶忠奸的象征。其与辉煌艳丽的头饰服装，都成为京剧独特的风格。传统剧目约有一千三百多个，常演的有四百多个。京剧乐队的主奏乐器是京胡，伴以其他管弦乐器和锣鼓。（353 字）

选自中国京剧戏考网，有改动

1. 前身 （名） qiánshēn 事物演变中原来的组织形态或名称等。
2. 虚拟 （形） xūnǐ 不符合或不一定符合事实的；假设的。
3. 念白 （名） niànbái 我国戏曲中一种特有的艺术表现手法。它以一种介于读与唱之间的音调将语言戏剧化、音乐化，在戏曲中常与唱腔部分互相衔接、陪衬、对比，表达人物的内心独白，体现人物的思想。

练习

一、选择画线词语的恰当解释

1. 它的前身为徽调，通称皮黄戏，曾一度称为“平剧”。 （ ）

A. 一直　　B. 起初　　C. 曾经　　D. 最终

2. 徽调进入北京，吸收了昆腔、秦腔的部分剧目、音乐曲调、表演方法和一些民间曲调，演变发展为京剧。（　　）

A. 演示　　B. 演化　　C. 改变　　D. 变幻

3. 京剧在表演上歌舞并重，融入了武术技巧。（　　）

A. 加入　　B. 融化　　C. 融合　　D. 减少

4. 脸谱是显示人物性格、辨认善恶忠奸的象征。（　　）

A. 辨别　　B. 辩论　　C. 辩解　　D. 辨析

二、根据课文内容判断正误

1. 京剧也叫皮黄戏、平剧。（　　）
2. 徽调进入北京，吸收了其他剧种的一些元素，发展形成了京剧。（　　）
3. 京剧节奏感强，念白具有音乐性。（　　）
4. 京剧根据性别把角色分为分成生、旦、净、丑四大行当。（　　）

三、根据课文内容回答问题

1. 京剧是如何发展形成的?
2. 请说一说京剧的表演特点。
3. 京剧以什么构成了其独特的风格?
4. 请简单介绍一下京剧的角色。

四、自由谈

你知道有哪些乐器吗？请给大家说一说。

阅读 2

走向全国的民族医药

内蒙古民族大学蒙医药学院的课程中 60% 左右是蒙医药知识，还有 40% 左右是西医药知识。民族医药与西医药、中医药结合治病已成为现在民族医药发展的一个趋势。

近年来，民族医药的高等教育得到了快速发展。蒙医药的学历教育不断规范，学历层次不断提升。在原有的本科教育之外，内蒙古医学院、内蒙古民族大学近年来又开展了蒙医专业硕士、博士学位教育。

据了解，内蒙古医学院和内蒙古民族大学蒙医药专业招生人数已从 2004 年的

190人增加到今年的将近600人，而且毕业生仍有供不应求的趋势。

少数民族医药是少数民族文化的重要组成部分，政府对少数民族医药的保护和发展实际上也是对少数民族文化的传承。

在中国各个少数民族聚居的地方，当地政府大多对民族医药从经费等各个方面给予特殊的扶持。阜蒙县等蒙古族自治地区就相继出台了地方法规，从立法层面对蒙医药的传承和发展进行保护。

在国家的支持下，不少民族医药已开始走出少数民族聚居地区。北京国际藏医院暨北京民族医院就是一所设在北京的、以藏医为主、多民族医与中西医相结合的国家级民族医院，有藏、蒙、土家等特色专科。(449字)

选自新华网，有改动

1. 传承（动） chuánchéng 传授和继承。
2. 扶持（动） fúchí 搀扶、扶着；支持、帮助。
3. 暨 （连） jì 和、及、与。

练习

一、选择画线词语的恰当解释

1. ……，而且毕业生仍有供不应求的趋势。 (　　)

　A. 供小于求　B. 供求相抵　C. 供大于求　D. 供求平衡

2. 政府对少数民族医药的保护和发展实际上也是对少数民族文化的传承。 (　　)

　A. 传播　B. 继承　C. 传递　D. 承载

3. 当地政府大多对民族医药从经费等各个方面给予特殊的扶持。 (　　)

　A. 搀扶　B. 支持　C. 持久　D. 对待

4. 阜蒙县等蒙古族自治地区就相继出台了地方法规，从立法层面对蒙医药的传承和发展进行保护。 (　　)

　A. 相互　B. 相对　C. 继续　D. 陆续

二、根据课文内容选择正确答案

1. 文章第一段主要说明： (　　)

　A. 蒙医药知识没有西医药知识重要
　B. 蒙医药知识比西医药知识更为重要
　C. 内蒙古民族大学开设了蒙医药专业
　D. 现在民族医药的发展趋势是民族医药与西医药、中医药结合治病

2. 内蒙古医学院和内蒙古民族大学没有开设蒙医专业什么教育？ (　　)

A. 本科　　B. 硕士　　C. 博士　　D. 预料

3. 今年内蒙古医学院和内蒙古民族大学蒙医药专业招生人数比 2004 年增加了多少？（　　）

A. 190 人　　B. 600 人左右　　C. 400 人左右　　D. 790 人左右

4. 关于北京国际藏医院暨北京民族医院，以下哪项不正确？（　　）

A. 设在北京　　B. 医生都是少数民族

C. 是一所国家级民族医院　　D. 以藏医为主，多民族医与中西医相结合

三、根据课文内容回答问题

1. 现今民族医药的发展趋势是什么？
2. 保护民族医药有什么意义？
3. 请举例说明政府是如何扶持民族医药的。
4. 请简单介绍一下北京国际藏医院暨北京民族医院。

四、自由谈

你生病了一般去什么医院？请说一说。

阅读 3

不能简单量化的中国武术

提到中国武术，就问能不能打，正如提到瑜伽，便问能不能减肥一样。

瑜伽起源于印度，是具有数千年历史的世界瑰宝，如今流传到我国，各式各样的瑜伽馆遍布城市的大街小巷，美颜塑身的功效吸引了无数的追捧者。

瑜伽是一个通过提升意识，帮助人们充分发挥潜能的哲学体系及其指导下的运动体系。瑜伽姿势是运用古老而易于掌握的方法，提高人们生理、心理、情感和精神方面的能力，达到身体、心灵与精神和谐统一的运动形式。如此高深的身心灵运动，行之有效的市场卖点居然是“减肥”。

中国武术目前面临的尴尬境况，也不比瑜伽好多少。在快餐时代，喜欢量化评价的人们就想知道，若按国际标准满分 100 分的话，中国武术到底能得多少分。然而，武术的背后是文化，那是一个无法量化的大海与云天。

武术，是以格斗为核心的运动，包括养生、健身、医道、技击等。原本丰富的内涵，根据人们的需要而逐渐发生分化，在群众化的推广过程中，有的倾向于健身，如太极拳，有的突出格斗，如咏春拳。

中国武术并不是一个简单的整体，多门多派，技法繁杂。判断一门功夫的高

低，不能以国别为边界，要用全球化的眼光来看待武术流派。中国功夫、泰国泰拳、日本空手道、韩国跆拳道、巴西柔术等等这些提法，都是以国别来定位武术的。其实，单在中国这个幅员辽阔人口众多的国度，武术门类的差异性也是不容忽视的。(551 字)

选自中华网，有改动

1. 追捧 （动） zhuīpěng 追：追求。捧：奉承人或代人吹嘘。追逐捧场。
2. 量化 （动） liànghuà 使可以用数量来衡量。
3. 幅员 （名） fúyuán 广狭叫幅，周围叫员。疆域有广狭及四至，所以称疆域为幅员。

练习

一、选择画线词语的恰当解释

1. 瑜伽起源于印度，是具有数千年历史的世界瑰宝。 （ ）
   A. 珍贵 B. 珍宝 C. 玫瑰 D. 宝贵
2. 瑜伽是一个通过提升意识，帮助人们充分发挥潜能的哲学体系及其指导下的运动体系。 （ ）
   A. 潜力 B. 潜水 C. 能量 D. 能干
3. 中国武术目前面临的尴尬境况，也不比瑜伽好多少。 （ ）
   A. 难堪 B. 奇怪 C. 难受 D. 特殊
4. 单在中国这个幅员辽阔人口众多的国度，武术门类的差异性也是不容忽视的。 （ ）
   A. 不会忘记 B. 不能提及 C. 不可小看 D. 不容乐观

二、根据课文内容选择正确答案

1. 在我国，大多数人喜欢瑜伽是因为： （ ）
   A. 瑜伽起源于印度 B. 瑜伽馆遍地都是
   C. 瑜伽有美颜塑身的功效 D. 瑜伽有数千年的悠久历史
2. 对于瑜伽能减肥这个市场卖点，作者的态度是： （ ）
   A. 嗤之以鼻 B. 全力支持 C. 部分赞同 D. 谨慎对待
3. 文章第四段是想告诉我们： （ ）
   A. 中国武术不止 100 分 B. 中国武术比瑜伽更加尴尬
   C. 快餐时代我们要给武术打分 D. 武术是文化，无法用简单的分数衡量
4. 作者对武术的量化是什么态度？ （ ）
   A. 赞同 B. 反对 C. 支持 D. 无所谓

三、根据课文内容回答问题

1. 什么是瑜伽？

2. 什么是武术？
3. 该如何为武术分类？
4. 如何判断一门功夫的高低？为什么？

四、自由谈

你知道哪些传统的体育运动项目？请说一说。

阅读 4

人民生活的镜子——民歌

无论在有文字还是无文字的民族中，作为一种即兴的口头艺术，民歌都直接表达人民的心声，反映人民的生活。

民歌伴随着人的一生。婴儿处在襁褓之中，母亲为他唱催眠曲、摇篮曲；当孩子牙牙学语时就学唱各种童谣，之后是各种幼儿游戏歌、动物歌，从中获得最初的知识，如《数蛤蟆》《数乖乖》《猜调》等；少年时期，开始参与劳动，唱起《放牛歌》《割草歌》《盘歌》等；青年时期，复杂的社会生活和精神世界，开拓了更为广阔的歌唱领域：劳动、爱情、历史故事、民间传说……

在各族人民传统的习俗活动中更离不开民歌。婚嫁活动中有各种婚嫁歌，如四川的《坐歌堂》、湖南的《伴嫁歌》、广西的《婚礼歌》等；亲人逝世后，亲朋后辈唱起了《丧歌》《孝歌》；各民族节庆时，更形成歌舞的高潮，壮族的“歌圩”、苗族的“游方”、侗族的“坐妹”、回族的“花儿会”、彝族的“火把节”、蒙古族的“敖包会”等都是各族人民的歌唱节日。

自人类进入阶级社会，劳动人民就处于社会最底层。他们终日劳累，创造了社会财富和灿烂的文化，却过着牛马般的生活，政治上没有发言权，只有通过民歌唱出心中的不平，表达对剥削者、统治者的反抗、愤懑。各地流传的《长工苦》《揽工调》《脚夫调》等都是对封建地主的血泪控诉，有的民歌则采取讽刺谩骂或做委婉曲折的影射。统治者由怕生恨，视民歌为洪水猛兽加以严禁。然而人民的口是封不住的，正如广西壮族民歌的“好笑多好笑多，好笑老爷禁山歌；锣鼓越敲声越响，山歌越禁歌越多”，宁夏民歌唱道：“任凭你有遮天手，难封世上唱歌口。唱得海枯石头烂，唱得黄河水倒流。”

在艰难的生活中，民歌唱出种种不幸遭遇：繁重的劳动、穷困的生活、不幸的婚姻、家庭的离散……，也唱出人民对爱情、幸福的向往与追求。人民以歌声抒发感情，减轻心中的忧愁。正如四川巫山县一首山歌所唱：“想唱歌来想唱歌，人人说我是穷快乐。早上唱歌当不到饭，夜晚唱歌当不到油，唱个山歌解忧愁。”

当今在中国被称为“半边天”的妇女，在旧社会，却处于封建的政权、神权、族权和夫权的四重压迫之下。宁夏的《媳妇受折磨》，四川的《妇女苦情多》、《苦麻菜儿苦茵茵》等都是妇女在重压下的痛苦呻吟。

可以说，哪里有人民、有生活，哪里就有民歌。民歌是人民生活的镜子，是人民的喉舌，是人民的忠实伴侣。（932字）

选自中国民歌网，有改动

1. 襁褓 （名） qiǎngbǎo 包裹婴儿的被子和带子。
2. 愤懑 （动） fènmèn 气愤；抑郁不平。
3. 影射 （动） yǐngshè 暗指。
4. 喉舌 （名） hóushé 比喻代为发表言论的媒体或人。

练习

一、选择画线词语的恰当解释

1. ……作为一种即兴的口头艺术，民歌都直接表达人民的心声，反映人民的生活。（ ）
   A. 马上兴起的 B. 经过准备的 C. 兴起很久的 D. 事先毫无准备
2. 婴儿处在襁褓之中，母亲为他唱催眠曲、摇篮曲。（ ）
   A. 床 B. 被子 C. 摇篮 D. 医院
3. 他们终日劳累，……，政治上没有发言权，只有通过民歌唱出心中的不平。（ ）
   A. 乐趣 B. 不满 C. 感受 D. 兴奋
4. ……，表达对剥削者、统治者的反抗、愤懑。（ ）
   A. 闷闷 B. 批评 C. 愤怒 D. 痛恨

二、根据课文内容判断正误

1. 少年时期，孩子开始学唱动物歌、劳动歌等。（ ）
2. 歌圩、花儿会、敖包会等都是各族人民的歌唱节日。（ ）
3. 在艰难的生活中，人民唱民歌是为了抒发感情，排解忧愁。（ ）
4. 旧社会，妇女被封建政权、神权、族权和夫权压迫着。（ ）

三、根据课文内容回答问题

1. 民歌的功能是什么？

2. 请举例说明民歌是如何伴随人的一生的。

3. 为什么说民歌是人民生活的镜子？

MHK 三级演练

1–10 题，每段文字后有一个或几个问题，每个问题都有 ABCD 四个答案，请阅读后根据每题要求选择唯一正确的答案。

1

对于外卖市场的未来，比达咨询预测，全品类和即时配送将成为两大趋势。一方面，随着白领市场的逐步成熟，蔬菜、水果、鲜花和蛋糕等非正餐高单价品类将成为新的增长点；另一方面，日益增长的单量也对平台的配送提出了更高要求，配送将继续成为影响用户体验的重要因素。

【1】句中画线词语拼音正确的一项是：（　　）

A. 咨询（cìxún）　B. 逐步（zúbù）　C. 配送（pèishòng）　D. 体验（tǐyàn）

2–3

13 岁就开始读大学的小魏觉得少年读大学有利也有弊。首先是带来更多的时间。读完硕士博士年龄还很小，不会面临太多婚恋的压力。但是本科毕业求职时，因为没满 18 岁，即使笔试第一，她还是被一家银行拒绝了。

常常看到一些少年就读大学的报道，一方面感叹他们是“神人、天才”，觉得很厉害，但另一方面也希望这些“天才少年”在成长过程中“智商”和“情商”都要跟得上。情商跟上，与人交往才不会出现问题；智商跟上，成绩才能保持与“天才少年”相符的特征。这样的成长经历，会比他人压力更大。长大后过普通人的生活，也很容易被别人形容为“伤仲永”。小魏说：“以后有了小孩儿，我希望他不要跳级，能度过一段普通学生岁月。”

【2】从短文可知：（　　）

A. 小魏 13 岁大学毕业　B. 小魏 13 岁开始应聘找工作

C. 小魏希望过普通学生的生活　D. 小魏很享受少年读大学的生活

【3】请给这段文字加一个标题：（　　）

A. 天才少年读大学　B. 少年读大学的利与弊

C. 天才少年的情商与智商　D. 少年读大学毕业难找工作

4–6

把车开到停车场门口就可以取卡走人，剩下的事情都交给智能停车设备。昨日，记者从渝北区市政园林管理局获悉，渝北碧津公园附近将打造全国首个全钢构光伏 + 无线充电桩停车楼，取车时间最长也只要 90 秒。

据介绍，这座智能立体停车楼整体投资约1.2亿元，共修建18层，地上16层，地下2层，停车位共计478个。车主只要在门口停好车就可以取卡离开，然后由停车楼的机械化设备自动停车；而取车时间最长也只要90秒。

此外，停车楼还__5__了太阳能光伏发电，并计划修建不少于50个充电桩，使停车楼不仅实现电力的自给自足，还可以为电动车提供充电服务。这也是全国首个全钢构光伏+无线充电桩停车楼。目前，该停车楼已经开始动工，__6__今年年底投入运营。

【4】关于这座智能立体停车楼，以下哪一项不正确？（　　）

A. 取车时间很短　　B. 由智能设备自动停车

C. 其电力系统靠太阳能发电　　D. 可为所有车辆提供充电服务

【5】文中__5__处应该填写的词语是：（　　）

A. 采用　　B. 采取　　C. 采集　　D. 采纳

【6】文中__6__处应该填写的词语是：（　　）

A. 预先　　B. 预见　　C. 预计　　D. 预测

7–10

《北京晨报》是北京日报报业集团报系当中的骨干（7）报纸。作为首都第一张都市早报，《北京晨报》于1998年7月20日正式创刊，填补了北京地区早报市场的空白（8）。创刊以来，《北京晨报》一直以打造“精品主流都市报”为目标，使读者真切地感到“品位生活，从读晨报开始”。作为京城早报的领跑者，《北京晨报》以其领先的办报理念，一直影响着早报市场的发展。

《北京晨报》为对开大报，每日出版，彩色印刷。采用国际流行的680瘦报规格。主要版面包括要闻、都市、热线、财经、国内、国际、体育、文娱、证券、聚焦等板块，“早茶”副刊及数码资讯、教育资讯、消费资讯、房产资讯、周日资讯、产业周刊等。《北京晨报》风格鲜明，贴近时代，贴近生活，贴近市民，将报道的时效性与可读性有机融合。“主流·权威·公信·亲和”是晨报的特点。

【7】下面哪一项能表达文中画线词语“骨干”的意思？（　　）

A. 骨感　　B. 主干　　C. 骨气　　D. 一干

【8】文中画线句子的意思是：（　　）

A.《北京晨报》创刊以前，北京没有报纸

B.《北京晨报》创刊之后，北京没有早报

C.《北京晨报》创刊以前，北京没有早报

D.《北京晨报》创刊之后，北京才有报纸

【9】本文没有介绍《北京晨报》的：（　　）

A. 创刊日期　　B. 报纸特点　　C. 栏目板块　　D. 机构设置

【10】这篇文章是一份：（　　）

A. 报纸介绍　　B. 招聘启事　　C. 商业广告　　D. 征稿启事

第14课

生活百态

阅读1

美丽的葡萄沟

葡萄沟形成于20万年前，是因为火焰山的断裂和河水的冲击而形成的。火焰山上热气蒸腾，炽风扑面，天上烘烤，地上烙脚，而葡萄沟里却清风习习，凉爽宜人。这是大自然以它鬼斧神工的力量，给火焰山附近的人们留下了一片丰饶的宝地，千百年来养育着在这里生活的人们。

葡萄沟位于吐鲁番县城东北13公里火焰山西侧的一个峡谷中，南北长8公里，东西宽约500米，最宽处可达2公里。葡萄沟河从中间穿过，沟谷两岸是高高的悬崖，沟中绿荫蔽日，全是层层叠叠的葡萄架。另外还有桃、杏、梨、石榴、无花果、桑葚等花果树木点缀其间，村舍农家错落有致，像一幅精致的田园画卷。还有衣裙鲜艳的维吾尔少女，三五成群，手挽筐篮，活跃在葡萄园里，给葡萄沟注入了更加斑斓的色彩。

葡萄沟内栽种了无核白、红葡萄、马奶子、喀什噶尔、黑葡萄等近百种葡萄，其中产量最大、名声也最大的是无核白葡萄，它在国际市场上素有“中国的绿珍珠”的美称。(381字)

1. 鬼斧神工　guǐfǔ-shéngōng　形容建筑、雕塑等技艺的精巧。
2. 丰饶　(形)　fēngráo　丰裕富饶。
3. 层叠　(动)　céngdié　重叠。

练习

一、选择画线词语的恰当解释

1. 葡萄沟里却清风<u>习习</u>，凉爽宜人。（　　）

　A. 很舒服　B. 轻轻地吹　C. 十分凉爽　D. 猛烈地吹

2. 村舍农家错落有致，像一幅精致的田园画卷。（ ）

A. 精巧细致　　B. 精密细致　　A. 精密深奥　　D. 精雕细刻

3. 还有衣裙鲜艳的维吾尔少女，……给葡萄沟注入了更加斑斓的色彩。（ ）

A. 灿烂多彩　　B. 形容斑点很多

C. 形容颜色繁杂　　D. 一种颜色中杂有别的颜色

4. 它在国际市场上素有“中国的绿珍珠”的美称。（ ）

A. 平日；平素　　B. 向来；一向　　C. 单纯，不艳丽　　D. 本来的；原有的

二、根据课文内容选择正确答案

1. 葡萄沟形成的原因是：（ ）

A. 火山爆发　　B. 河水冲击

C. 火焰山断裂　　D. 火焰山断裂和河水冲击

2. 葡萄沟最宽处有：（ ）

A. 500 米　　B. 2 公里　　C. 8 公里　　D. 13 公里

3. 关于葡萄沟种植的花果树木，文中没有提到下面哪一项？（ ）

A. 杏　　B. 梨　　C. 石榴　　D. 苹果

4. 葡萄沟最有名的葡萄品种是：（ ）

A. 马奶子　　B. 黑葡萄　　C. 无核白　　D. 喀什噶尔

三、根据课文内容回答问题

1. 请简单介绍一下葡萄沟的情况。

2. 葡萄沟内栽种了哪些品种的葡萄？

四、自由谈

吐鲁番天气炎热，却培育出了甜美的葡萄，你知道为什么吗？请说一说。

阅读 2

我国茶文化的形成与兴盛

唐代是我国封建社会发展的顶峰，同时，也是封建文化的顶峰。唐承袭汉魏六朝的传统，同时融合了各少数民族及外来文化的精华，熔铸了一段我国文化史上最辉煌的时期。随着饮茶风尚的扩展，以及儒、道、佛三教思想的渗入，茶文化逐渐形成独立完整的体系。

在唐代以前，我国已有 1000 多年饮茶历史，这就为唐代饮茶风气的形成奠

定了坚实的基础。唐代中期，社会状况为饮茶风气的形成创造了十分有利的条件，饮茶之风很快遍及全国，并开始传播到域外。

随着茶业的发展和茶叶产量的增加，茶已不再是少数人所享用的珍品，已经成了同于米盐的、社会生活中不可缺少的物品。所以陆羽在《茶经·六之饮》中说，茶已成为"比屋之饮"。唐人上至皇亲显贵、王公朝士，下至文人雅士、黎民百姓，几乎所有人都饮茶。民间还有茶亭、茶棚、茶房、茶轩和茶社等设施，供自己和众人饮茶。当时的茶肆已经十分普遍。随着饮茶日趋普遍，人们待客以茶也蔚然成风，并出现了一种新的宴请形式——"茶宴"。唐人把茶看作比钱更重要的上乘礼物馈赠亲友，寓深情与厚谊于茗中。（431字）

选自中国茶文艺网，有改动

1. 承袭 （动） chéngxí 继承，沿袭。
2. 熔铸 （动） róngzhù 熔化后铸造。本文指各民族融合共同创造（历史时期）。
3. 显贵 （名） xiǎnguì 指显达尊贵、有声望的人。
4. 茗 （名） míng 茶。

练习

一、选择画线词语的恰当解释

1. 唐承袭汉魏六朝的传统，同时融合了各少数民族及外来文化的<u>精华</u>。（ ）
   A. 优点 B. 精彩 C. 特点 D. 全部
2. ……这就为唐代饮茶风气的形成<u>奠定</u>了坚实的基础。（ ）
   A. 奠基 B. 决定 C. 打下 D. 放下
3. 随着饮茶日趋普遍，人们待客以茶也<u>蔚然成风</u>。（ ）
   A. 非常罕见 B. 无独有偶 C. 必不可少 D. 非常盛行
4. 唐人把茶看作比钱更重要的<u>上乘</u>礼物馈赠亲友。（ ）
   A. 上供 B. 上好 C. 贵重 D. 上级

二、根据课文内容选择正确答案

1. 关于唐朝，下面说法错误的一项是：（ ）
   A. 传承了汉魏六朝的传统 B. 茶文化发展到了最辉煌的时期
   C. 融合了各少数民族及外来文化的精华 D. 是中国封建社会发展和封建文化的顶峰
2. 唐朝饮茶风气形成的基础是：（ ）
   A. 饮茶之风遍及全国
   B. 饮茶之风开始传播到域外

C. 唐朝以前我国已有 1000 多年的饮茶历史

D. 社会状况为风气的形成创造了十分有利的条件

3. “比屋之饮”是指： （ ）

A. 民间有专门喝茶的设施　　B. 差不多所有的人都饮茶

C. 茶是少数人享用的珍品　　D. 茶业不断发展，茶叶产量增加

4. 关于唐人对待茶的态度，以下哪项不正确？ （ ）

A. 摆茶宴招待客人　　B. 茶肆专供皇亲显贵招待客人

C. 把茶叶作为高档的礼物送给亲友　　D. 认为茶叶是生活中不可缺少的物品

三、连线组词组

A		B	
馈赠	显贵	蔚然	雅士
皇亲	亲友	形成	体系
黎民	基础	文人	风尚
奠定	百姓	饮茶	成风

四、自由谈

你们那儿在饮茶方面有哪些习俗？请谈一谈。

阅读 3

有名的于阗乐舞

新疆和田是有名的歌舞之乡，它最著名的是新疆和田于阗乐舞。汉代时，《于阗乐》就在宫廷演奏，它优美欢快的旋律常常吸引汉高祖到未央宫聆听。南北朝时，于阗（新疆的于田县）乐舞风靡中原，唐朝国乐《十部乐》中，就收录了《于阗乐》。唐代于阗觱篥演奏家尉迟青誉满长安，直到今天特色鲜明的新疆和田歌舞闻名遐迩，“万方乐奏有于阗”一直被传为佳话。

传说我国最早的音律就得自于阗，当年黄帝授意乐官伶伦制定音律时，伶伦历尽坎坷，饱尝艰辛，行程两万余里，来到昆仑。在巡守新疆昆仑山的山神陆吾的帮助下，在“山解溪之谷”找到了适合做乐器的竹子。他仔细挑选了 12 根修竹，做成 12 支竹笛。但他试吹之后，音调很不协调，正在这时，一对凤鸟飞来，它们美妙动听的鸣叫声启迪了他。他模仿凤鸣之声反复吹奏，直到声音和谐悦耳。伶

伦就这样制成了12根律管，使人们有了创作和演奏音乐的规范和依据。后人为了纪念他的功绩，称之为“伶伦作乐”。这个动人的传说记载于《吕氏春秋》《汉书》及《太平御览》等古籍中。他到昆仑创造音乐的时间比张骞“凿空西域”要早三千年。虽是传说，但从先秦到唐宋的诸多学者和乐人都深信不疑。（488字）

选自和田玉原石网，有改动

1. 聆听　（动）　língtīng　　听。
2. 风靡　（动）　fēngmǐ　　形容事物很风行，像风吹倒草木一样。
3. 觱篥　（名）　bìlì　　管乐器之一种，用竹做管，用芦苇做嘴。多用于军中和民间音乐，流行于我国各地，为汉族、维吾尔族、朝鲜族等多民族所喜爱。

练习

一、根据课文内容选择正确答案

1.《于阗乐》优美欢快的旋律吸引了汉高祖去哪儿聆听？（　　）

A. 和田　B. 于阗　C. 未央宫　D. 长福宫

2. 唐代的尉迟青是：（　　）

A. 歌唱家　B. 舞蹈家　C. 表演家　D. 演奏家

3. 伶伦制定音律的过程很：（　　）

A. 顺利　B. 艰辛　C. 遥远　D. 痛苦

4. 从文中可以推测出张骞：（　　）

A. 到过西域　B. 制定过音律　C. 写过很多书　D. 是一个音乐家

二、根据课文内容判断正误

1. 根据传说，我国的音律来自于阗。（　　）
2. 唐代时《于阗乐》传入中原。（　　）
3. 伶伦做成了12支竹笛，声音和谐悦耳。（　　）
4.“伶伦作乐”这个真实的故事记载于《吕氏春秋》等古籍中。（　　）

三、根据课文内容回答问题

1. 请简单介绍一下伶伦制定音律的过程。
2. 如何理解“万方乐奏有于阗”这句话？

四、自由谈

新疆是歌舞之乡，你知道有哪些新疆民族音乐在国内外传唱？

阅读 4

月饼——中秋节的“法定”食品

月饼，有着悠久的历史。据史料记载，早在殷、周时期，江浙一带就有一种纪念太师闻仲的“太师饼”，为月饼的“始祖”。汉代张骞出使西域，引进了芝麻、胡桃，为月饼的制作增添了辅料，于是出现了以芝麻、胡桃仁为馅儿的圆形饼，名曰“胡饼”。

到了唐代，民间开始出现专门从事胡饼制作的饼师和卖胡饼的店铺。据说一年中秋，唐玄宗和杨贵妃赏月吃胡饼，玄宗嫌“胡饼”的名称不雅，贵妃举头望月，“月饼”二字脱口而出。从此，“月饼”取代“胡饼”的名称在民间流传开来。

明代中秋吃月饼不但民间十分普及，而且月饼的制作也越来越考究。心灵手巧的饼师，把嫦娥奔月的神话作为食品艺术图案印在月饼上，使得月饼不仅好吃，而且好看。

时至今日，中秋月饼和端午粽子、元宵汤圆一样，已成为人们节日必不可少的食品。月饼受人喜爱，不仅因为好吃，还因为它象征着团圆和祥瑞；吃月饼时，一家人可以围坐在一起，遥望天上明月，企盼人间太平。（385 字）

选自中国食品科技网，有改动

1. 出使 （动） chūshǐ 带着使命出访外国或长驻国外。
2. 辅料 （名） fǔliào 本文指烹饪中的辅助原材料。
3. 祥瑞 （名） xiángruì 又称“福瑞”，指吉利的征兆。

练习

一、选择画线词语的恰当解释

1. 明代中秋吃月饼不但民间十分普及，而且月饼的制作也越来越考究。 （ ）
   A. 研究 B. 精美 C. 复杂 D. 重视
2. 时至今日，中秋月饼和端午粽子、元宵汤圆一样，已成为人们节日必不可少的食品。（ ）
   A. 很久以前 B. 从过去开始 C. 到目前为止 D. 从今天开始
3. 中秋月饼和端午粽子、元宵汤圆一样，已成为人们节日必不可少的食品。 （ ）
   A. 不能存在 B. 一定缺少 C. 非常喜爱 D. 不能缺少
4. 吃月饼时，一家人可以围坐在一起，遥望天上明月，企盼人间太平。 （ ）
   A. 盼望 B. 企图 C. 盼头 D. 企及

二、根据课文内容判断正误

1. “太师饼”是为了纪念太师闻仲。（　　）
2. 胡饼是张骞出使西域时从西域带来的。（　　）
3. “月饼”这个名字是杨贵妃起的。（　　）
4. 明代起，月饼上开始出现图画。（　　）

三、根据课文内容回答问题

1. 请简单介绍一下月饼的起源。
2. 请说一说“月饼”名字的由来。
3. 明代的月饼有什么特点？
4. 月饼为什么受人喜爱？

四、自由谈

你知道关于月亮的传说故事吗？请给大家说一说。

MHK 三级演练

1–10 题，每段文字后有一个或几个问题，每个问题都有 ABCD 四个答案，请阅读后根据每题要求选择唯一正确的答案。

1

乌鸦通体浑黑，它没有喜鹊漂亮，不如麻雀机灵，没有燕子活泼，也不如杜鹃乖巧，更没有黄莺优美的歌喉，它叫起来声音沙哑、刺耳，人们一听就会皱起眉头。

【1】句中画线词语拼音正确的一项是：（　　）

A. 浑黑（hónghēi）　　B. 活泼（huóbō）

C. 乖巧（guāiqiǎo）　　D. 沙哑（sāyǎ）

2

生态旅游作为一种旅游行为，其宗旨是培养旅行者强烈的环保意识和环境危机意识。它不仅要求生态旅游的对象是自然景物，而且要求游客行为要“环保”，生态旅游的对象不应受到损害。有专家说，现在社会上关于生态旅游就是到人迹罕至的地方去的认识是片面的。据《新科学家》杂志报道，生态旅游表面上看是喜欢那些珍稀动物，但游客们的行为其实害了它们。人类频频接近野生动物，会造成动物心理紧张，压力增加。北极熊、企鹅、海豚和澳大利亚野犬，甚至热带雨林里的鸟类，都受到愈来愈大的来自生态旅游方面的影响，它们体重减轻，有的甚至死亡。

【2】下面哪一项最适合做这段话的标题？（　　）

A. 生态旅游的宗旨　　B. 生态旅游的利与弊
C. 生态旅游的正确方式　　D. 野生动物不宜经常接触

3–5

大凡动物都有自己的发声方式，不管声高声低，悦耳恶耳，都有一种“此间不可无我声”的自然态。人是自然之物，只不过后来社会化了，有思想，善筹划，也就比自然界鸟兽有了更丰富的表现才能。书法是个人情怀的表现方式之一，即便不倦于以古为范，结果还是要脱胎换骨，离古出新。__3__是个性的突出表现，每一个人都在创作中罄露了个人的情怀、脾性、技法。如果评说一个人的书法创作类似颜真卿、柳公权，作者未必会满意。在许多人看来，个性的体现才是有价值的，由此，追求与众不同的面目成了迫切需要，人们希望自己早日有个人风格，发出与众不同的声响。

【3】文中__3__处应该填写的词语是：　　(　　)
A. 创作　　B. 写作　　C. 创造　　D. 评论

【4】根据这段话，可以知道人：　　(　　)
A. 应该向古人学习　　B. 喜欢追求个性化
C. 书法风格基本相同　　D. 拥有相同的发声方式

【5】这段话主要介绍的是：　　(　　)
A. 动物声音有高下　　B. 书法艺术博大精深
C. 写作需要不同表现形式　　D. 人与动物的相同在于个性化

6–7

为什么我们身边有那么多人变得肥胖？这个问题似乎不难回答。世界卫生组织认为，肥胖及超重的根本原因是能量摄入和消耗的不平衡。简单地讲，就是这些人吃得太多，运动太少，或者两者兼而有之。按照这个解释，人体内任何多余的热量，不管来源于蛋白质、碳水化合物还是脂肪，最终都会转化为体重。因此，肥胖的__7__方法说到底还是少吃，多运动。

【6】人变得肥胖的原因是：　　(　　)
A. 摄入的脂肪过多　　B. 摄入的蛋白质过多
C. 摄入的碳水化合物较多　　D. 能量摄入和消耗的不平衡

【7】文中__7__处应该填写的词语是：　　(　　)
A. 消灭　　B. 解决　　C. 掌握　　D. 减缓

8–10

围棋起源于中国，是黄河文明的产物，其形制弈法等都饱含着文明母体的基因和特征。围棋极可能源自上古时期的结绳而治、河图洛书和周易八卦，因为其形制、内涵与中华文明的源头相符。围棋的产生和发展，始终与弈者对自然、社会和人生的思考__9__联系在一起。围棋不仅对个人修身养性，而且对民族社会的群体心理产生深刻影响。围棋是中华五千年文明的象征、民族文化的瑰宝、高度智慧的结晶，这种地位不是任何人封赐的，也不是带有感情色彩的主观结论，而是人们在反复实践和比较中认识到的，是随着社会和文明的进步而不断深化和升华的。

【8】关于围棋，正确的说法是：（　　）

A. 起源于上古　　B. 对民族心理没有影响

C. 是尼罗河文明的产物　　D. 围棋的地位是皇帝封赐的

【9】文中___9___处应该填写的词语是：（　　）

A. 感悟　　B. 感慨　　C. 回想　　D. 感想

【10】以下哪一项最适合做本文的标题？（　　）

A. 围棋精神　　B. 围棋的传说　　C. 围棋规则一二三　　D. 围棋的起源及发展

第15课

最炫民族风

阅读1

酥 油 茶

喝酥油茶是藏族的传统习俗，特别是在接待尊贵的客人时，总以献上酥油茶表示对客人的敬意。传说，酥油茶是唐朝文成公主创制的。文成公主去西藏时曾带去茶叶，她亲制奶酪和酥油，加上茶，配制成酥油茶，赏赐给大臣饮用。

喝酥油茶时所用的茶具也极为讲究，也是珍贵的艺术品。所用的壶多为金属制品，如银壶、铜壶、铝壶、瓷铁彩花壶等，壶嘴、壶把造型别致，壶的颈腹部多绘有彩色民族图案。所用的茶碗多为木制或瓷制品，上面都镶嵌有银或铜。

酥油是从牛奶或羊奶内提炼出来的脂肪。把牛奶或羊奶煮沸，经搅拌并静置后浮在面上的一层黄油就是酥油，营养价值极高。藏民每天饮酥油茶可多达20碗。富裕的人家要施茶。亲人出远门，也敬酥油茶，以示祝福。(304字)

选自旅游网，有改动

1. 酥油茶	(名)	sūyóuchá	我国西藏的特色饮料。多作为主食与糌粑一起食用，有御寒、提神醒脑、生津止渴的作用。
2. 文成公主		Wénchéng Gōngzhǔ	原本是李唐远支宗室女，唐太宗贞观十四年(640年)，太宗李世民封李氏为文成公主；贞观十五年(641年)文成公主远嫁吐蕃，成为吐蕃赞普松赞干布的王后，唐蕃自此结为姻亲之好。
3. 镶嵌	(动)	xiāngqiàn	镶是指把物体嵌入，嵌是指把小物体卡紧在大物体的空隙里。镶嵌多用于工艺制作术语。
4. 搅拌	(动)	jiǎobàn	用手或器械在混合物中转动。

练习

一、选择画线词语的恰当解释

1. 喝酥油茶时所用的茶具也极为讲究。 （ ）

A. 讲求 B. 研究 C. 追求精美 D. 非常奢华

2. 银壶、铜壶、铝壶、瓷铁彩花壶等，壶嘴、壶把造型别致。 （ ）

A. 特殊 B. 新奇 C. 精致 D. 精巧

3. 酥油是从牛奶或羊奶内提炼出来的脂肪。 （ ）

A. 制造 B. 分离 C. 沉淀 D. 提取

二、根据课文内容选择正确答案

1. 为了表达对客人的敬意，藏族同胞会： （ ）

A. 献上哈达 B. 热情拥抱 C. 点头致意 D. 献上酥油茶

2. 传说文成公主去西藏时带了： （ ）

A. 粮食 B. 茶叶 C. 酥油 D. 奶酪

3. 喝酥油茶的茶壶多是： （ ）

A. 木制品 B. 瓷制品 C. 金属制品 D. 玻璃制品

4. 给出远门的亲人敬酥油茶是为了： （ ）

A. 表达敬意 B. 祝愿平安 C. 表示崇拜 D. 表示祝福

三、根据课文内容回答问题

1. 简单介绍一下喝酥油茶的茶具。

2. 藏族同胞喝酥油茶有什么讲究？

四、自由谈

请介绍一下你们那儿在饮食方面有哪些特殊的习俗。

阅读 2

那达慕盛会

“那达慕”是蒙古语，汉语意思为“娱乐或游戏”。那达慕是蒙古族传统的群众性集会，也是一年一度的盛大节日。

草原盛会那达慕起源于 12 世纪末 13 世纪初，具有悠久的历史。1225 年，成吉思汗战胜花剌子模，为庆祝胜利，就举行过隆重的那达慕盛会。在古代和近代的那达慕盛会上，都要进行男子三项竞技赛，即赛马、射箭和摔跤。记载着蒙古族风俗习惯的文献中这样写着："举行婚礼或射箭、赛马、摔跤等那达慕开始时，蒙古族长者举起盛满鲜奶的银碗和哈达，朗诵祝贺词。"那达慕是蒙古族人民文化生活中的重要内容和喜庆活动的好形式。

那达慕包括传统的射箭、赛马和摔跤比赛，俗称蒙古族男子三项技能。草原的盛夏初秋，各地以盟、旗、苏木为单位举行那达慕大会，牧民们身穿节日的盛装，从四面八方赶来，哪里有那达慕，哪里就有兴奋的牧人。每到这个时候，草原一片欢腾，马叫声、勒勒车声打破了草原的宁静，得胜者分等级给予奖赏和称号。随着社会发展，那达慕的形式和内容有了丰富和发展，除传统的三项比赛外，又增加了球类比赛、文艺演出、物资交流、表彰劳模等。近年来，由于牧民生活水平提高，那达慕正在兴盛起来。（465 字）

选自《新疆日报》，有改动

1. 隆重 （形） lóngzhòng 盛大庄重。
2. 盟 （名） méng 内蒙古自治区的行政区域，包括若干旗、县、市。
3. 苏木 （名） sūmù 内蒙古自治区牧区的相当于乡的行政区划单位。
4. 表彰 （动） biǎozhāng 表扬（伟大功绩、壮烈事迹等）。

练习

一、选择画线词语的恰当解释

1. 在古代和近代的那达慕盛会上，都要进行男子三项竞技赛，即赛马、射箭和摔跤。（ ）
   A. 立即 B. 马上 C. 即使 D. 也就是
2. 蒙古族长者举起盛满鲜奶的银碗和哈达。（ ）
   A. 老人 B. 年纪大的人 C. 年高有德的人 D. 家里年纪最大的人
3. 那达慕包括传统的射箭、赛马和摔跤比赛，俗称蒙古族男子三项技能。（ ）
   A. 被称为 B. 通俗地叫作 C. 被大家认为是 D. 风俗习惯决定的
4. 近年来，由于牧民生活水平提高，那达慕正在兴盛起来。（ ）
   A. 流行 B. 开始发展 C. 蓬勃发展 D. 慢慢兴旺

二、根据课文内容判断正误

1. "那达慕"是蒙古语。（ ）
2. "那达慕"两年举行一次。（ ）
3. 1225 年，忽必烈举行过隆重的那达慕盛会。（ ）

4. 那达慕包括传统的射箭、赛马和摔跤比赛。 ( )
5. 现代的那达慕盛会，除传统的三项比赛外，还增加了田径比赛。 ( )

三、根据课文内容回答问题

1. 请介绍一下那达慕盛会的历史起源。
2. 请介绍一下近年来那达慕的变化。

四、自由谈

请介绍一下“姑娘追”“叼羊”等民族体育运动。

阅读 3

人与火的情结

云南的少数民族对火有着特殊和深厚的情感，在热爱火的同时，他们也非常注重火灾的防范，有着许多有趣的防火习俗。彝族欢乐的火把节、佤族精彩的火技、傣族温暖的火塘等等，都和火息息相关。

傣族住的是竹楼，家家户户都有生火塘的习俗，但是傣族的村落很少发生火灾，这缘于他们非常注重火灾的防范。每天临睡前，傣家人都把火塘的火熄灭，然后用一根鸡毛伸进火塘的灰烬里，如果鸡毛拿出来烧卷或是烧糊的话，证明火塘中还有余火，如果鸡毛拿出来是完好无损的，他们才去睡觉。这就是傣族鸡毛探火的习俗。

佤族人从来不把大量粮食堆在家里，而是在离村子较远的地方统一搭建粮仓，每家一小间，全村人约定粮仓里和粮仓周围不允许有任何火源，防止失火烧毁宝贵的粮食。

彝族人从不把柴火堆放在家中，而是非常整齐地堆放在室外，防止家中发生火灾的时候烧到柴垛，使小火酿成火灾，而且每家房子旁边都会有一个蓄水池，蓄满清水以备灭火之用。

大理白族的“三防一照壁”民居非常漂亮，白族民居画满美丽图案的高墙在起到美观装饰作用的同时还起到了“防火墙”的作用。一旦一户发生火灾，四面坚固的高墙可以很好地挡住火势和烟雾向其他人家蔓延，防止“火烧连营”的情况发生。(493 字)

选自维普网，有改动

1. 防范	（动）	fángfàn	防备；戒备。
2. 火塘	（名）	huǒtáng	室内地上挖成的小坑，四周垒砖石，中间生火取暖。
3. 息息相关		xīxī-xiāngguān	呼吸相关联，形容关系密切。
4. 火烧连营		huǒshāoliányíng	指的三国时期吴蜀之间的一场战争。本义是成片成片的营地被一把火烧光，形容火势迅猛，损失惨重。

练习

一、根据课文内容选择正确答案

1. 根据课文，下面说法错误的一项是：（　　）
   A. 傣族有火塘　B. 彝族有火把节　C. 佤族有火技　D. 白族有蓄水池
2. 关于傣族，下面说法正确的一项是：（　　）
   A. 每家都有防火墙　B. 把粮食放在家中
   C. 用鸡毛探火来防范火灾　D. 家家户户都把柴火放在室外
3. 关于彝族，下面说法正确的一项是：（　　）
   A. 每家都住竹楼　B. 每家都有粮仓
   C. 每家有蓄水池　D. 每家都用鸡毛来探测火势
4. 关于白族，下面说法正确的一项是：（　　）
   A. 民居非常漂亮　B. 粮仓旁边就有蓄水池
   C. 照壁的作用只是防火　D. 都在离村较远的地方建粮仓

二、根据课文内容判断正误

1. 佤族人住的是竹楼。（　　）
2. 傣族有鸡毛探火的习俗。（　　）
3. 佤族人的粮食一般都堆在家里。（　　）
4. 彝族人的柴垛旁都会有一个蓄水池。（　　）
5. 白族的照壁主要是起装饰作用。（　　）

三、根据课文内容回答问题

1. 请介绍一下“鸡毛探火”的习俗。
2. 请介绍一下佤族人的防火习俗。

四、自由谈

请谈谈普通家庭应如何加强防火措施。

阅读 4

原生态的独木龙舟节

每年农历五月二十五至二十七，贵州施洞一带居住在清水江边的苗族人都要举行盛大集会——独木龙舟节，虽然这个节日历史悠久，但因苗族无文字记载，起源于何时已无法考证。

龙舟古朴硕大，别具一格。舟身用三根高大杉木掏空而成，中间一根独木为母舟，两边各置一根直径约 50 厘米，长约 17 米的子舟。平时舟身被放置在村口专门搭建的亭子里，龙头则放在村里推选出的鼓主家，农历五月二十至二十三期间用竹篾将子舟和母舟并列扎成一排，装上精雕细刻的五彩龙头。

由男人们把龙舟抬到水中，比赛当天，吃过中饭后，参加比赛的男人们清一色穿着家织的深紫色的亮布衣和蓝色布裤，腰扎一条织镶着银饰的腰带，头戴黄色的插着三根银片的马尾斗笠，每条龙舟载三四十人，母舟前方坐有四个人：第一个人坐在龙舟与龙头连接处，背朝前方，负责呐喊助威和靠岸撑船；第二个人是中年人，背朝前方，负责鸣放铳炮，制造声势；第三个人是寨中德高望重的寨老，也就是鼓主，背朝前方，身穿白色长袍，外套一件黑色马夹，头戴一顶大宽边帽，负责敲鼓；第四个人是一个男扮女装的 10 多岁的小孩儿，负责敲锣。其余的水手分成两排站立在两只子舟上，在水手中间放有一桶糯米饭，饭上供有一只煮熟的鹅，有三位老人站在母舟的尾部，负责掌握龙舟的方向。

竞渡时，锣鼓喧天，舟上的人随着划水的节奏齐声大喊“嗨！嗨！”。岸上的亲友也跟着龙舟奔跑并高声叫喊，气势磅礴，扣人心弦，龙舟节被推向高潮。

比赛结束后，龙舟靠岸，亲友们燃放鞭炮，把馈赠的鸭鹅挂满龙颈，大家开始分享随龙舟带来的糯米饭、肉和酒，一直到黄昏才唱着歌各自划船回家。（646 字）

选自黔途网，有改动

1. 考证	（动）	kǎozhèng	研究文献或历史问题时，根据资料来考核、证实和说明。
2. 竹篾	（名）	zhúmiè	竹子劈成的薄片。
3. 铳炮	（名）	chòngpào	对古代金属管形射击火器的概称。
4. 锣鼓喧天		luógǔ-xuāntiān	原指作战时敲锣击鼓指挥进退。后多形容喜庆、欢乐的景象。
5. 气势磅礴		qìshì-pángbó	磅礴：广大无边的样子。形容气势雄伟壮大。
6. 扣人心弦		kòurénxīnxián	形容言论或表演深深地打动人心。也作“动人心弦”。

练习

一、根据课文内容选择正确答案

1. 关于独木龙舟节，下面说法正确的一项是：（ ）

A. 每年5月举行 B. 比赛早上就举行

C. 鼓主一般是德高望重的寨老 D. 龙舟的舟身由一根杉木掏空制成

2. 关于独木龙舟节，下面说法不正确的一项是：（ ）

A. 共有两根母舟 B. 子舟在母舟两侧

C. 是杉木掏空而成的 D. 平时龙头放在鼓主家

3. 参加比赛的男人们穿的服装颜色是：（ ）

A. 紫色、绿色 B. 银色、黄色 C. 紫色、蓝色 D. 蓝色、黄色

4. 母舟前方坐着四个人，其中负责鸣放铳炮的人是：（ ）

A. 第二个人，一位中年人 B. 第三个人，德高望重的寨老

C. 坐在龙舟与龙头连接处的人 D. 第四个人，一位男扮女装的小孩儿

5. 龙舟比赛结束后，大家分享的是：（ ）

A. 粽子 B. 糯米饭 C. 煮熟的鸭、鹅 D. 糯米饭、肉和酒

二、根据课文内容判断正误

1. 独木龙舟的起源无法考证。（ ）
2. 子舟的直径是17厘米。（ ）
3. 参加比赛的男人都戴着大宽边帽，头上插着三根银片。（ ）
4. 寨老负责敲锣。（ ）
5. 掌握龙舟方向的是三位老人。（ ）

三、根据课文内容回答问题

1. 请简要描述苗族的独木龙舟节。
2. 比赛用的龙舟是怎样的？
3. 请简要介绍一下母舟前方坐的四个人。
4. 请介绍一下龙舟比赛的竞渡盛况及比赛后的情形。

MHK 三级演练

1–10题，每段文字后有一个或几个问题，每个问题都有ABCD四个答案，请阅读后根据每题要求选择唯一正确的答案。

1

抗战期间，看到国家糟糕到这步田地，闻一多如坐针毡，他在给学生臧克家的信中写道：

"我只觉得自己是座没有爆发的火山，火烧得我痛，却没有能力炸开那禁锢我的壳，放射出光和热来。"

【1】句中画线词语拼音正确的一项是：（　）

A. 糟糕（cāogāo）　　B. 针毡（zhēnzhān）

C. 爆发（bàofà）　　D. 禁锢（jìnggù）

2

在美国 20 年，钱学森生活上拥有丰厚的待遇。然而，他始终眷恋着生他养他的祖国。1949 年 10 月 1 日，新中国诞生了。钱学森兴奋极了。就在那年的中秋节（新中国诞生的第六天），钱学森夫妇心中萌发了一个强烈的念头：回到祖国去，为新生的祖国贡献自己的智慧和力量。1950 年 7 月，已经下定决心返回祖国的钱学森，会见了主管他研究工作的美国海军次长，告诉他准备立即动身回国。这位次长大为震惊。他认为，"钱学森无论在哪里都抵得上五个师"。他说："我宁肯枪毙他，也不愿放他回红色中国。" 1955 年 9 月 17 日，经过了长达 5 年多的斗争，钱学森、蒋英和他们的两个孩子，终于乘坐轮船胜利地驶向东方的祖国。

【2】下面哪一项最适合做这段话的标题？（　）

A. 新中国诞生了　　B. 钱学森抵得上五个师

C. 钱学森历经波折终于回国　　D. 钱学森——中国人的骄傲

3–5

有人说 4G 通信的概念来自其他无线服务的技术，从无线应用协定、全球袖珍型无线服务到 3G；有人说 4G 通信是一个超越 2010 年以外的研究主题，4G 通信是系统中的系统，可利用各种不同的无线技术。不管人们对 4G 通信怎样进行定义，有一点是人们能够肯定的，那就是 4G 通信是一个比 3G 通信更完美的新无线世界，它可创造出许多消费者难以想象的应用。4G 最大的数据＿3＿速率超过 100Mbit/s，这个速率是移动电话数据传输速率的 1 万倍，也是 3G 移动电话速率的 50 倍。4G 手机可以提供高性能的媒体内容，并通过 ID 应用程序成为个人身份鉴定设备。它也可以接受高分辨率的电影和电视节目，从而成为合并广播和通信的新基础设施中的一个纽带。此外，4G 的无线即时连接等某些服务费用会比 3G 便宜。还有，4G 有望集成不同模式的无线通信——从无线局域网和蓝牙等室内网络、蜂窝信号、广播电视到卫星通信，移动用户可以自由地从一个标准漫游到另一个标准。

【3】文中＿3＿处应该填写的词语是：（　）

A. 传输　　B. 通过　　C. 传递　　D. 输送

【4】根据这段话，可以知道 4G 手机：（　）

A. 用户很难自由漫游　　B. 比之前的手机速度快

C. 只能利用单一的无线技术　　D. 各种服务费用都比 3G 高

【5】这段话主要介绍的是：（　）

A. 4G 通信的优点　　B. 4G 通信的速度

C. 4G 通信的作用　　D. 什么是 4G 通信

6–7

微博视野中的阅读，是典型的“泛读”。在技术上，微博给书写者的空间十分有限，被限定在140字以内。在140个字符内传递一定的信息是可以的，但要表达像样的思想则是比较困难的。对于读者而言，在微博世界浸淫日久，注意力也被严重碎片化，喜欢追逐一个个信息碎片以及思想的边角料，体验的是点点滴滴短暂的快感。在阅读的过程中，读者的感觉似乎是丰盈的，但这种阅读多是视觉层面上的愉悦，属于刺激大脑皮层的浅性观赏。微博世界中的阅读是典型的走马观花，很难有思维的深度潜入。在微博所目击的风景，“神马都是浮云”。读者享受的只是视觉的__7__，而对于思想和思维的深度操练，微博的效果往往是有限的。如果不适当控制自己的时间，微博会让你浪费很多时间，毕竟碎片信息、碎片思考还是有其局限性，它不能提供系统性思想。微博视野的阅读，是典型的浅尝辄止的阅读。

【6】微博世界中的阅读方式是： （　　）

A. 深度操练式　B. 系统阅读式　C. 走马观花式　D. 整体阅读式

【7】文中__7__处应该填写的词语是： （　　）

A. 内容　B. 角度　C. 层面　D. 漫游

8–10

人们对传统节日的重视，是近年来“传统文化热”的一个表现。和读经、穿汉服、讲国学、祭祖先等行为一样，过传统节日所涉及的核心问题，就是如何在现代社会中保存、延续和弘扬传统文化。尤其在全球化浪潮冲击之下，“我们是谁”的困惑越来越多，而答案的寻找离不开__9__传统。虽然在近代以来的整个现代化进程中，传统文化命运多舛——既被当作封建社会的“余孽”而遭排斥，也被认作旧时代的“象征”而受清算。但是，传统文化作为人们确立自我定位和民族认同的资源，它的生命力和影响力并不会轻易消散。因而，当下对传统节日的倡导，重点不在于恢复一些旧有的仪式，而在于发现其中的价值观念、道德情操和审美情趣等可以塑造思维、行为模式和确定身份的“基因”。正如人们所言，通过具体的传统文化形式去宣扬其内在精神，这是文化上的自信和自觉。

【8】过传统节日的核心是： （　　）

A. 恢复旧有仪式　B. 读经、穿汉服、讲国学、祭祖先

C. 抵制外来文化对传统节日的影响　D. 在现代社会中保存、延续和弘扬传统文化

【9】文中__9__处应该填写的词语是： （　　）

A. 回顾　B. 回首　C. 回归　D. 回味

【10】关于现代化进程中的传统文化，下列说法不正确的是： （　　）

A. 人们一直很重视传统文化

B. 它的生命力和影响力不会轻易消散

C. 曾被认作旧时代的“象征”而受清算

D. 曾被当作封建社会的“余孽”而遭排斥

第16课

多姿多彩的民族文化艺术

阅读 1

满族的剪纸艺术

辽宁省的满族剪纸艺术主要是以满族的民间习俗和神话传说为主要内容和题材。满族是一个善于骑射、喜爱渔猎的民族，较晚才进入农耕文明，经过了长期的历史发展和演变，形成了具有独特的满族风情的艺术风格。满族的剪纸艺术主要是靠口口相传，农村妇女在闲暇之余拿起手中的剪刀和五彩缤纷的纸张，按照家族长辈的讲述剪出形形色色的图案和花样。

满族剪纸呈现的内容生动有趣，用途也十分广泛。日常生活或是节日中常用剪纸来进行装饰。满族聚居的地区有用纸张及糨糊糊墙和吊棚的习惯，各家各户喜用五彩斑斓的窗花和墙花来装饰自己的居室；民间祭祀活动和节庆婚典中也经常使用剪纸，包括嫁奁、喜花、挂签、纸扎花、供花等；平时孩童游戏玩耍时也经常用到剪纸玩物：动植物的图像、人物的形象等。其他的用途还有带巫术印记的一些剪纸。（340 字）

选自《满族风情》，有改动

1. 口口相传　　kǒukǒu-xiāngchuán　不著文字，口头相传。
2. 嫁奁　（名）jiàlián　陪嫁的财物。

练习

一、选择画线词语的恰当解释

1. 满族是一个善于骑射、喜爱渔猎的民族。（　　）
   A. 骑马　B. 射箭　C. 骑马和武术　D. 骑马和射箭
2. 满族聚居的地区有用纸张及糨糊糊墙和吊棚的习惯。（　　）
   A. 胶水　B. 胶状物

C. 用纸张做成的胶状物　　D. 用面粉等做成的可以粘贴东西的糊状物

3. 民间祭祀活动和节庆婚典中也经常使用剪纸。（　　）

A. 祭奠死者　　B. 打扫墓地　　C. 纪念祖先　　D. 祭拜神灵或祖先

二、根据课文内容选择正确答案

1. 关于满族，下面说法正确的是：（　　）

A. 善于骑射　　B. 善于唱歌跳舞

C. 发明了剪纸艺术　　D. 很早就进入农耕文明

2. 关于满族剪纸艺术的传承，下面说法正确的是：（　　）

A. 书籍记载　　B. 自行钻研　　C. 学校教学　　D. 口口相传

3. 满族剪纸没有被用在以下哪个场合？（　　）

A. 公司开业　　B. 节庆婚典　　C. 祭祀活动　　D. 孩童游戏

三、根据课文内容回答问题

1. 辽宁省的满族剪纸艺术的主要内容和题材是什么？

2. 满族一般在什么情况下会用剪纸来做装饰？

四、自由谈

请介绍一下你擅长的才艺。

阅读 2

锡伯族的弓箭文化

锡伯族自古以来就是个能骑善射的民族，射箭活动在锡伯族文化中有着悠久的历史，被视为锡伯族的民族象征。传统的弓箭文化体现了锡伯族的民族文化特色。

新疆伊犁察布查尔锡伯自治县被称为中国箭乡，这里的锡伯族是1764年自东北屯垦戍边而来的清朝锡伯八旗军民的后裔。

锡伯族人的一生都是在弓箭的陪伴下度过的。旧时村村有箭场，家家有弓箭，视“神箭手”为无上的荣耀。家中降生男孩儿，门口定要用红绳挂一小弓箭，祝愿孩子成为一名勇敢善射的男儿。在男孩儿出生的第三天长辈要向天、地和东西南北方向各射一箭，祝福后人日后能顶天立地，立身四方；到了四五岁时父母要给儿子制作一把小的弓箭，进行放弓射箭的早期训练；到了十五六岁时，在教练的辅导下进行严格的骑射训练，参加民间的各类射箭比赛；满18岁后每年均要参加严格的官方骑射考核，达标者注册为“沃克津”而应征入伍，成为誓守疆土的战士。

弓箭文化孕育了锡伯民族战胜一切困难的精神动力。中华人民共和国成立后这支“骑射劲军”又纵横于国内外箭坛赛场，为我国的射箭运动争得了无数的荣誉。如今，弓箭对于锡伯族来讲已不仅仅是一种工具，更是一种民族的吉祥物和象征。(477 字)

选自《民族文化》，有改动

1. 戍边　（动）　shùbiān　守卫边境。
2. 后裔　（名）　hòuyì　已经死去的人的子孙。
3. 立身　（动）　lìshēn　处世、为人。

练习

一、根据课文内容选择正确答案

1. 锡伯族的民族文化特色是：（　　）
   A. 骑射文化　B. 渔猎文化　C. 弓箭文化　D. 剪纸文化
2. 新疆伊犁察布查尔锡伯自治县的居民是哪一年来此定居的？（　　）
   A.1764 年　B.1746 年　C.1674 年　D.1647 年
3. 锡伯族人家中降生男孩儿后：（　　）
   A. 窗户上要挂一个小弓箭　B. 门口要用红绳挂一个小弓箭
   C. 父母会马上射出四支箭庆祝　D. 男孩儿出生第三天父母要射箭
4. 锡伯族男孩儿到了十五六岁时：（　　）
   A. 父母要给他制作小弓箭　B. 要进行放弓射箭的训练
   C. 要参加官方的骑射考核　D. 要参加民间的各类射箭比赛
5. 关于“沃克津”，下面说法正确的一项是：（　　）
   A. 年满 15 岁　B. 可以应征入伍，成为战士
   C. 是民间机构授予的荣誉称号　D. 要在教练的辅导下进行严格训练

二、根据课文内容判断正误

1. 骑射活动在锡伯族文化中有悠久的历史了。（　　）
2. 现在锡伯族人村村有箭场，家家有弓箭。（　　）
3. 锡伯族男孩儿出生第三天长辈要向天地的方向各射一箭。（　　）
4. 锡伯族男孩儿满 18 岁后每年要参加官方的骑射考核。（　　）
5. 如今弓箭对锡伯族来说只是民族的吉祥物。（　　）

三、根据课文内容回答问题

1. “锡伯族人的一生都是在弓箭的陪伴下度过的”这句话怎么理解？
2. 中华人民共和国成立之后锡伯族的弓箭文化是如何体现的？

四、自由谈

请介绍一下你擅长的体育运动。

阅读 3

塔吉克人和鹰舞

鹰和鹰舞是塔吉克人的一种象征。在塔什库尔干县大街中心，竖着一座十几米高的纪念塔，塔的顶端有一只铜铸雄鹰，这只重一吨多的雄鹰面朝东，在塔顶上展翅飞翔，象征着塔吉克族人迎着太阳飞向锦绣前程。之所以把鹰竖在高塔上，就是把自己比喻成鹰的传人，也表达了对鹰的崇拜之情。

塔什库尔干是鹰的栖息之地。多少年来，塔吉克族人和鹰朝夕相处，他们观察鹰，模仿鹰，鹰舞的诞生，是塔吉克族人从鹰的各种矫健姿态中受到的启发。他们把鹰舞称为“合齐吾德玉苏勒”，意为鹰的舞蹈。

鹰舞多以双人舞形式在喜庆佳节或家庭晚会中表演，从内容到形式皆模拟鹰的动作。跳舞时，众人围坐或半围坐，男女相邀，成双而舞；有时若干对舞伴同时表演。舞步以独特的“顿蹉步”和“跟踩步”为主，即兴变化，或交叉进行。

鹰舞是塔吉克族民间传统舞蹈，也是表达欢乐的一种方式。跳起鹰舞来没有场地的限制，高兴的时候既可在田间地头，也可在牧羊的草甸上，甚至在庭院和家里也能跳鹰舞。只要有了喜事，或是开心的事情，人们就会跳起鹰舞助兴。跳鹰舞要有鹰笛和手鼓伴奏，一般是两支鹰笛，一个手鼓。跳鹰舞还有固定的曲调，这些曲调不断重复和延续，形成了鹰舞特有的舞步和形体律动。（493 字）

选自《塔吉克舞蹈》，有改动

1. 栖息 （动） qīxī 停留；休息（多指鸟类）。
2. 即兴 （动） jíxìng 就着临时发生的兴致（进行创作、表演等）。
3. 助兴 （动） zhùxìng 帮助增加兴致。
4. 律动 （动） lǜdòng 有节奏地跳动；有规律地运动。

练习

一、根据课文内容选择正确答案

1. 塔吉克人的一种象征是： （ ）

A. 驯鹰 B. 纪念塔 C. 鹰和鹰舞 D. 鹰的雕像

2. 根据本文，鹰的栖息地是： （ ）

A. 喀什 B. 阿克苏 C. 库尔勒 D. 塔什库尔干

3. 鹰舞的舞蹈形式大多数是： （ ）

A. 双人舞 B. 集体舞 C. 单人舞 D. 三人舞

4. 鹰舞的舞蹈场地一般不会是在： （ ）

A. 电影院 B. 田间地头 C. 牧羊的草甸 D. 庭院或家里

5. 鹰舞的伴奏乐器一般是： （ ）

A. 大鼓 B. 鹰笛 C. 胡琴 D. 冬不拉

二、根据课文内容判断正误

1. 塔什库尔干的大街中心有一只铜铸雄鹰。 （ ）
2. 鹰的舞蹈被塔吉克人称为“吾德玉苏勒”。 （ ）
3. 鹰舞的舞步以“顿蹉步”和“跟踩步”为主。 （ ）
4. 鹰舞的演员只能是男人。 （ ）
5. 鹰舞无论开心或是悲伤都能跳。 （ ）

三、根据课文内容回答问题

1. 鹰对于塔吉克人意味着什么？
2. 请介绍鹰舞的舞蹈形式和舞步特点。

四、自由谈

你会跳什么舞蹈？请说一说。

阅读 4

新疆最美的颜色——艾迪莱斯

“艾迪莱斯”，维吾尔语意为扎染。染色过程中图案因受染液的渗润，有自然形成的色晕，参差错落，形成了艾迪莱斯绸纹样富有变化的特点。

相传，古老的艾迪莱斯绸是古和田吉亚一位美丽聪明的姑娘发明的，这位姑娘名字叫布再热木。当时，和田国王向全国发布告，要为王子选一位美丽聪慧的女子做妻子。布告发出一个星期，每天来王宫应征者络绎不绝，可国王和王子一个也没有看上。

王子生气地离家出走了。当他骑马来到玉龙喀什河东岸的一个小村落时，忽然看到村口有一位身着色彩艳丽的花裙的姑娘正在织布。花裙随风飘动，犹如蝴蝶在花丛中翻飞。王子被吸引住了，他走近姑娘，问她的裙子是从哪个集市买来的。

姑娘一下不好意思了，羞涩地掩着嘴欲走。王子急了，一把拉住姑娘，姑娘笑着幽默地说："裙子还不就是从我的织布机上买的嘛！"

接着，姑娘给王子详细地介绍，她织布要经过分段捆扎，然后再用当地的红柳花、桑树疙瘩、核桃皮等植物材料浸泡染色，最后就成了身上这种艳丽的花裙面料。

王子听完后，深深地被这位心灵手巧的姑娘感动，当即向姑娘求婚。他们最后得到国王的同意，结为夫妻。从这以后，布再热木把自己的艾迪莱斯绸扎染技术全部传授给了和田的老百姓。

现在，艾迪莱斯绸图案样式很多，其中植物图案有花卉、枝叶、巴旦木、苹果、梨等。各种图案具有强烈的地方特色，是维吾尔人民生活美在服装上的艺术反映。图案中的瓜果、枝叶，表现了新疆是瓜果之乡，热瓦普图案则显示了新疆是歌舞之乡。(604 字)

选自中国新疆网，有改动

1. 扎染	(动)	zārǎn	一种染花布的工艺，染色前先用线绳按所需花型把织物扎结起来，染色后就会形成特定的花纹，分为单色或多色。
2. 色晕	(名)	sèyùn	指一种颜色对另一种通常构成背景的颜色的渗透、重叠、沾染，使之呈现斑纹或某种奇特影响的现象。
3. 络绎不绝		luòyì-bùjué	(人、马、车、船等）前后相接，连续不断。
4. 热瓦普	(名)	rèwǎpǔ	维吾尔、塔吉克、乌孜别克等民族的弦乐器。用木料制成，共鸣箱像半个球形，蒙蟒皮或驴皮等。琴杆细长，顶部弯曲，通常有 5 ～ 7 根金属弦。用拨子弹奏，音色清脆。

练习

一、选择画线词语的恰当解释

1. 染色过程中图案因受染液的渗润，有自然形成的色晕，参差错落。（　　）

A. 染料透过布料　　B. 染液突出图案色彩

C. 染液将布料改变颜色　　D. 染液慢慢透过并滋润布料

2. 染色过程中图案因受染液的渗润，有自然形成的色晕，参差错落。　（　　）

A. 排列比较混乱　B. 排列和平时不一样

C. 排列按照特例表现色彩　D. 各种不同事物交织在一起

3. 姑娘一下不好意思了，羞涩地掩着嘴欲走。　（　　）

A. 捂住　B. 合、关　C. 隐藏　D. 抚摸

4. 王子听完后，……，当即向姑娘求婚。　（　　）

A. 后来　B. 第二天

C. 立即，马上就　D. 事情正在发生的时候

二、根据课文内容判断正误

1. 古老的艾迪莱斯绸是古和田吉亚一位王子发明的。　（　　）
2. 布告发出以后，每天来王宫应征当王子妻子的人寥寥无几。　（　　）
3. 因为没有中意的女子，王子离家出走了。　（　　）
4. 国王并不同意王子娶这位姑娘。　（　　）
5. 这位姑娘把自己的艾迪莱斯绸扎染技术全部传授给了和田的老百姓。　（　　）

三、根据课文内容回答问题

1. 请介绍一下艾迪莱斯绸的特点。
2. 请复述一下这个故事。

MHK 三级演练

1–10 题，每段文字后有一个或几个问题，每个问题都有 ABCD 四个答案，请阅读后根据每题要求选择唯一正确的答案。

1

清华大学坐落于北京西北部的清华园，环境幽静，风景优美，原是端王载漪的王府。清华大学前身为“清华留美预备学校”，于 1911 年正式开办，它的任务就是培养留美学生。

【1】句中画线词语拼音正确的一项是：　（　　）

A. 幽静（yōujìn）　B. 前身（qiánshēng）

C. 正式（zhèngshì）　D. 培养（piéyǎng）

2

微博在中国媒介生态中，其意义不同寻常，微博一小步，媒体一大步。微博释放的“微动力”改变了中国社会的公共与私人交往方式。这一被中国网民热捧的新媒介甚至成为穿越信息黑洞的牵引力量。

【2】下面哪一项最适合做这段话的标题？（　　）

A. 微博改变了中国社会

B. 微博与媒介是互相制衡的作用

C. 微博被中国网民认为是牵引力量

D. 微博在改变社会方面具有无比巨大的作用

3–5

春节将至，互联网红包大战烽烟再起。与去年相比，今年的抢红包活动形态更复杂，投入也更庞大，仅百度、阿里、腾讯三巨头今年就砸下了 81 亿元。仅仅两年时间的培育，抢红包就与春晚一样，成了公众参与度最广的“固定节目”，加入到了过年的“新常态”里。这当然__3__了互联网的创新力。抢红包虽然本质上是一种互联网企业的营销活动，但巧妙嵌入了过年要图热闹的社会心理，迎合了人们爱凑热闹的普遍心态，营造了一个既能容纳民众诉求，又能实现商业诉求的新情境，拓宽了互联网的边界。

【3】文中__3__处应该填写的词语是：（　　）

A. 反射　　B. 折射　　C. 散射　　D. 出现

【4】根据这段话，可以知道今年的春节：（　　）

A. 没有春晚　　B. 大家都忙着上互联网

C. 大家将热衷于抢红包　　D. 百度、阿里、腾讯宣传力度很大

【5】这段话主要介绍的是：（　　）

A. 抢红包的现状与实质　　B. 公众都喜欢参与抢红包

C. 抢红包是互联网公司的营销活动　　D. 抢红包已代替春晚成为大家的固定节目

6–7

钱学森 1911 年出生于上海，早年曾在北京师大附中和上海交通大学求学。1935 年，他考取了庚子赔款公费留学生，先是在美国麻省理工学院学习，后到加利福尼亚州理工学院深造，__7__于美国航天科学创始人之一、著名物理学家冯·卡门门下，三年后获博士学位，留校任教。这期间，他在冯·卡门的影响下，对火箭技术产生了兴趣，参加了加州理工学院古根海姆实验室的火箭研究小组。这个实验室后来成为美国火箭技术的摇篮，钱学森就是在这个摇篮里最早研究火箭技术的三名成员之一。

【6】关于钱学森，下面哪种说法正确？（　　）

A. 出生于北京　　B. 曾自费留学美国

C. 曾在北京师大附中上过学　　D. 在麻省理工学院获得博士学位

【7】文中__7__处应该填写的词语是：（　　）

A. 学习　　B. 研究　　C. 拜读　　D. 毕业

8–10

古琴的韵味是虚静高雅的，要达到这样的意境，弹琴者必须将外在环境与平和闲适的内在心境合二为一，只有这样，才能达到琴曲中追求的心物相合、人琴合一的艺术境界。在这一方面，伯牙的经历可称为后世的典范。传说，伯牙曾跟随成连学琴，虽用功勤奋，但终难达到神情专一的境界。于是成连带领伯牙来到蓬莱仙境，自己划桨而去。伯牙左等右盼，始终不见成连先生回来。此时，四周一片__9__，只听到海浪汹涌澎湃地拍打着岩石，发出崖崩谷裂的涛声；天空群鸟悲鸣，久久回荡。见此情景，伯牙不禁触动心弦，于是拿出古琴，弹唱起来。他终于明白成连先生正是要他体会这种天人交融的意境，来转移他的性情。后来，伯牙果真成为古琴高手。

【8】要达到虚静高雅的意境，弹琴者必须：（　　）

A. 用功勤奋　　B. 虚静高雅

C. 体会天人交融的意境　　D. 将外在环境与平和闲适的内在心境合二为一

【9】文中__9__处应该填写的词语是：（　　）

A. 平静　　B. 沉静　　C. 寂寞　　D. 寂静

【10】下面说法正确的是：（　　）

A. 成连先生放弃了对伯牙的教育

B. 伯牙在蓬莱仙境领悟了古琴的意境

C. 伯牙开始学琴时未能成为高手是因为不用功

D. 天人交融的意境是崖崩谷裂的涛声和天空群鸟的悲鸣

第17课

异域风情

阅读1

独具魅力的苏格兰

苏格兰有民族风情，连绵起伏的山地湖泊，丰富的历史和文化，富于变化的气候。这里的男人有最酷的裙装，吹着高亢悠远的风笛带您走进曾经的岁月。这里有无数的城堡和宫殿讲述着曾有的战斗与传奇，浪漫与悲泣。

尽管和英格兰、威尔士、北爱尔兰一起同属英国，苏格兰民族仍然保留着自己的文化和传统——色彩缤纷的格子布，男士引以为傲的格子裙和高亢的苏格兰风笛。苏格兰人热情温暖，正像醇厚、浓烈、享有盛名的苏格兰威士忌。这里还有500年前建立的教育系统和杰出的大学。从这里工业革命得以推动——蒸汽机的发明，从这里无数的生命被解救——青霉素的发明，从这里理想城诞生，富国论被孕育，从这里福尔摩斯、哈利·波特成为鲜活的人物，这里的历史和美景一次又一次被搬上好莱坞银幕。（313字）

选自百度贴吧，有改动

1. 连绵起伏　　liánmián qǐfú　（山脉等）接连不断，起起落落。
2. 醇厚　（形）　chúnhòu　（气味、滋味等）纯正浓厚。
3. 孕育　（动）　yùnyù　怀胎生育。比喻既存的事物中酝酿着新事物。

练习

一、根据课文内容选择正确答案

1. 下面哪一项不是苏格兰的特点？　（　　）

　A. 火车　B. 威士忌　C. 格子裙和风笛　D. 连绵起伏的山地湖泊

2. 苏格兰人的性格：　（　　）

　A. 醇厚　B. 浓烈　C. 热情　D. 高亢

3. 根据课文，下面与苏格兰无关的是：（　　）

A. 富国论　　B. 青霉素的发明

C. 蒸汽机的发明　　D. 英国历史最悠久的大学

4. 从课文中我们可以知道：（　　）

A. 苏格兰女人爱穿裙子　　B. 苏格兰人爱喝威士忌

C. 哈利·波特就生活在苏格兰　　D. 好莱坞的一些电影在苏格兰拍摄

二、根据课文内容判断正误

1. 苏格兰男人最喜欢穿裙装。（　　）
2. 苏格兰属于英国。（　　）
3. 苏格兰民族一直保留自己的文化传统。（　　）
4. 福尔摩斯是苏格兰人。（　　）

三、根据课文内容回答问题

1. 苏格兰男人因什么而骄傲？
2. 课文中第二自然段中提到哪些著名事件在苏格兰发生？

四、自由谈

请谈一谈你家乡的风土人情。

阅读 2

古老的印第安文化博物馆

美国国立美洲印第安人博物馆位于华盛顿市中心，这里是一个回顾印第安文明的综合性博物馆。由金色的明尼苏达石灰石建造的馆体，外观呈 S 形，在与之比邻的诸多博物馆中颇显特别。远远望去，即可窥见其独立于主流文化的个性。馆内有 5 层，散布的“森林”“湿地”“草场”和“传统种植区”中陈列着许多古代印第安人建筑中常用的“始祖岩”，以示历史在这片土地上的延续。这一切的设计，都是因为整个博物馆的宗旨是要突出印第安文化的独特性。

博物馆的设计师——印第安裔建筑师杜安·布鲁·斯普劳斯提出：“要让参观者在走进博物馆之前，就能感受到扑面而来的古老印第安风情。”博物馆中的许多细节也颇让人感动。在一层的餐厅中，游客可以充分享受原汁原味的印第安食物，连最普通的咖啡，也是用仿制的印第安陶罐盛装的，让人无时无刻不置身于历史当中。另外，为了让参观者更直接地了解印第安文化，博物馆中的馆藏文物

是可以与游客亲密互动的，而不像其他博物馆中那些被远远地隔离起来的收藏品。（409 字）

选自搜狐新闻，有改动

1. 比邻 （动） bǐlín 位置接近；邻近。
2. 窥见 （动） kuījiàn 看出来或觉察到。

练习

一、选择画线词语的恰当解释

1. 远远望去，即可窥见其独立于主流文化的个性。 （ ）
   A. S 形 B. 博物馆 C. 石灰石 D. 华盛顿市
2. 馆内有 5 层，……陈列着许多古代印第安人建筑中常用的“始祖岩”，以示历史在这片土地上的延续。 （ ）
   A. 显示 B. 提示 C. 暗示 D. 指示
3. 这一切的设计，都是因为整个博物馆的宗旨是要突出印第安文化的独特性。 （ ）
   A. 要求 B. 目的 C. 标准 D. 特点
4. 游客可以充分享受原汁原味的印第安食物。 （ ）
   A. 过去 B. 美味 C. 地道 D. 典型

二、根据课文内容选择正确答案

1. 从课文中可以知道这个博物馆： （ ）
   A. 免费参观 B. 地处偏远 C. 有独特个性 D. 符合主流文化
2. 博物馆陈列着许多： （ ）
   A. 陶罐 B. 咖啡 C. 石灰石 D. 始祖岩
3. 博物馆设计师设计的初衷是： （ ）
   A. 让游客难忘 B. 让游客流连忘返
   C. 让游客找到回家的感觉 D. 让游客感受古老的印第安风情
4. 从课文中我们可以知道，博物馆的馆藏文物： （ ）
   A. 可以触摸 B. 跟游客隔离 C. 被保护起来 D. 有些是仿制的

三、根据课文内容回答问题

1. 这个博物馆的设计有什么特点？
2. 博物馆中有哪些细节让人感动？

四、自由谈

你去过博物馆吗？请谈一谈让你感受最深的是什么。

阅读 3

解密德国人

德意志民族是一个讲究秩序的民族。外国人在德国旅游，第一个感觉是那里的一切都井井有条。维持秩序的标志牌和禁令牌随处可见。德国人出现在公开场合以及与人交往时，讲究举止端庄，对人敬重适度，事事循规蹈矩。

德国人的特点是勤奋、自信。严于律己的德国人很讲究形式和准时，公私事宜必须事先约定时间并准时赴约。未经预先约定想与德国人会面，是办不到的事。如果因故需要推迟约会或取消约会的话，一定要打电话通知对方。否则，不仅失礼，也被认为是对约会对象莫大的侮辱。

德国人工作中讲求效率，注重纪律，一丝不苟。德国人给人的第一印象大都很友善。的确这样，无论你有什么问题求助于德国同学或者刚认识的德国人甚至在街上邂逅的人，他们都会耐心地给你指点。

德国人送礼比较实惠，送东西都有缘由，如生日、订婚、结婚等。客人只带点儿小东西，像一束花、一瓶酒，或自己制作的东西。不要随便送德国人很贵重的礼物，德国人对贵重礼物的第一个反应是戒心，小礼物比如一小盒中国茶叶、几张剪纸等都会很受欢迎。如果有机会到德国人的家里做客，要比约定的时间晚十到十五分钟，要是他们邀请你吃饭的话，你可以带上一瓶酒、一小束花，或者你自己做的一份菜。（497 字）

选自好搜，有改动

1. 井井有条　　　jǐngjǐng-yǒutiáo　形容条理分明，整齐有序。
2. 侮辱　（动）　wǔrǔ　使对方人格或名誉受到损害，蒙受耻辱。
3. 剪纸　（名）　jiǎnzhǐ　民间工艺品，用纸剪成的人物、花草、鸟兽等形象。

练习

一、根据课文内容选择正确答案

1. 德国人与人交往时：　（　　）

A. 井井有条　B. 十分自信　C. 举止端庄　D. 非常热情

2. 与德国人约定时间会面，赴约时要注意：（ ）
A. 准时到达 B. 提前十分钟 C. 带点儿礼物 D. 推迟十分钟
3. 下面哪一项不是德国人在工作时的表现？（ ）
A. 讲究效率 B. 注重纪律 C. 迟到早退 D. 一丝不苟
4. 根据本文，下面哪一项不大可能是德国人送的礼物？（ ）
A. 手表 B. 一束花 C. 一瓶酒 D. 自己做的饼干

二、根据课文内容判断正误

1. 德意志民族是一个讲究秩序的民族，因此在德国看不到禁令牌。（ ）
2. 如果与德国人预约见面，一般要比约定时间晚十分钟到。（ ）
3. 如果有问题求助于任何一个德国人，一般都会得到帮助。（ ）
4. 德国人送礼物比较贵重。（ ）

三、根据课文内容回答问题

1. 课文中提到了德国人的哪些优点？
2. 如果你的德国朋友过生日，你应该送什么礼物才合适？

四、自由谈

结合本文，请谈一谈一个人身上的品质与成功有何关系。

阅读 4

韩国的饮食文化——泡菜

韩国泡菜家喻户晓，韩国人钟爱泡菜世界人民都有所耳闻。泡菜是韩国人餐桌上必不可少的基本菜肴，它有丰富的营养成分，是韩国人极为喜爱和推崇的健康饮食。泡菜对于韩国人来说不只是一种食物，无泡菜不能吃饭的程度说明了泡菜已经是他们生活的一部分。越冬泡菜的制作体现了传统文化代代相传的韩国优良传统、互助共享的韩国团结友爱精神，泡菜文化已然成为他们的民族凝聚力、民族纽带。泡菜研讨会的举办、泡菜庆典的举行以及越冬泡菜成功入选联合国教科文组织非物质文化遗产名录，让我们看到一个积极保护、传承传统文化的韩国，他们向世界推广泡菜，让泡菜也成为韩流的一部分，让自己的优良文化得以发扬光大。

受西伯利亚气压的影响，韩国的冬天漫长严寒并且十分干燥，这样的气候植物很难生长，为了解决冬天缺乏蔬菜的难题，为了能够储存水分多的蔬菜，韩国人就想出了用盐腌制蔬菜并混合各种调料来吃的方法，于是发展成了今天的韩国泡菜。在没有蔬菜的冬天，泡菜就是最为珍贵的菜肴。

韩国人的餐桌上总是会有很多小菜来配米饭吃，其中最基本最不可缺少的就是泡菜。绝大多数韩国人每顿饭都必须要吃到泡菜，觉得没有泡菜吃饭没有味道，更有韩国俗语说：没有泡菜的饭不是给韩国人准备的。可想而知韩国人多么钟爱泡菜。出国在外的游子们在外最想念的也是韩国泡菜，短期出行还会在行李箱里装上泡菜，或者带上泡菜手艺自己在异国他乡腌制泡菜。这就是离得开韩国但是离不开泡菜的韩国人。许多韩国人在回到韩国飞机落地后会觉得空气里都有泡菜的味道，这就是韩国的味道，他们熟悉的家的味道。

韩国的家庭主妇们几乎都是腌制泡菜的能手，所以泡菜的味道也被称作妈妈的味道，妈妈亲手腌制的泡菜充满了亲情和温暖。现在随着女性上班族的增加，在超市购买泡菜的家庭也很多，但无论如何泡菜都是韩国人餐桌上最不可缺少的菜肴。（745 字）

选自中国论文网，有改动

1. 家喻户晓		jiāyù-hùxiǎo	家家户户都知道。形容人所共知。
2. 已然	（副）	yǐrán	已经。
3. 腌制	（动）	yānzhì	把鱼、肉、蔬菜等加上盐、糖、酱、酒等，放置一段时间使入味。

练习

一、根据课文内容选择正确答案

1. 泡菜对于韩国人来说是：（ ）
   A. 精神寄托　B. 越冬的粮食　C. 生活的一部分　D. 营养丰富的食物
2. 韩国积极保护、传承传统文化的举措不包括：（ ）
   A. 举行泡菜庆典　B. 举办泡菜研讨会
   C. 在国外自己腌制泡菜　D. 申请联合国教科文组织非物质文化遗产
3. 从课文中可以知道，韩国的餐桌上不能缺少：（ ）
   A. 小菜　B. 泡菜　C. 烤肉　D. 米饭
4. 根据课文可以知道，在国外韩国人可能会：（ ）
   A. 购物　B. 想家　C. 带行李箱　D. 自己腌制泡菜
5. 现代韩国家庭吃的泡菜最不可能的来源是：（ ）
   A. 邻居家的　B. 超市买的　C. 妈妈腌制的　D. 自己腌制的

二、选词填空

推广　　推行　　珍贵　　珍惜　　钟爱　　喜爱

1. 对于新疆这个干旱少雨的地区，我们应该（　　）滴灌技术节约用水。
2. 我们在全疆（　　）驻村干部们在民族团结工作中取得的先进经验。
3. 他给我的参考资料非常（　　）。
4. 我很（　　）和同学们在一起学习的日子。
5. 奶奶最（　　）最小的孙子。
6. 这个小姑娘惹人（　　）。

三、根据课文内容回答问题

1. 从第一自然段我们可以知道泡菜对于韩国人有什么意义？
2. 韩国人为什么要腌制泡菜？

MHK 三级演练

1–10 题，每段文字后有一个或几个问题，每个问题都有 ABCD 四个答案，请阅读后根据每题要求选择唯一正确的答案。

1–2

哥斯达黎加咖啡以其优良品质享誉全球咖啡市场，而“布里特”正是哥斯达黎加非常有名的咖啡品牌，其产品主要是咖啡烘焙豆。在离首都圣何塞不远的埃雷迪亚市，“布里特”拥有一座小型庄园，其“咖啡文化之旅”正是在那里展开的。在那座小型庄园里，游客不仅可以实地了解咖啡树在不同生长阶段的状态，还能通过园内一些精心的布置来了解哥斯达黎加传统文化，比如园内垃圾桶的设计就借鉴了哥斯达黎加神话小说中的人物形象，旁边还附带有该人物形象的介绍。

【1】给本文加一个标题，你认为合适的是：（　　）

A. 咖啡文化之旅　　B. 哥斯达黎加咖啡

C. 哥斯达黎加咖啡的著名品牌　　D. 哥斯达黎加咖啡与传统文化

【2】“布里特”是：（　　）

A. 小型庄园　　B. 咖啡品牌　　C. 城市名称　　D. 人物形象

3–4

提到桑拿，有人说，桑拿完全是芬兰的国粹，在古老的民间传说中就有关于桑拿的记载。在芬兰民族史诗《卡勒瓦拉》中，最爱洗桑拿的人被称为勇士。在长期的社会实践中，繁重的体力劳动使桑拿成为芬兰人祖辈生活中不可缺少的内容，而茂密的森林则为桑拿提供了充足的建材和燃料。在过去，桑拿几乎伴随着一个人一生的每一个重要的时刻。妇女们大多在桑拿室里分娩。蒸气浴室成了婴儿呱呱落地的产房，因为那里是乡间最干净的地方。许多现在七八十的老人差不多都是在桑拿浴室里出生的。桑拿室不仅＿5＿了新的生命，也是为老人送终的地方。新娘和新郎在洗过桑拿后，才进教堂举行婚礼。

【3】根据短文，下面说法正确的是：（ ）

A. 桑拿是芬兰的国粹　B. 芬兰人称爱洗桑拿的人是勇士

C. 现在很多妇女在桑拿室里分娩　D. 新娘和新郎洗过桑拿后才举行婚礼

【4】蒸气浴室之所以成为产房，是因为：（ ）

A. 冬季很温暖　B. 妇女们喜欢洗桑拿

C. 是乡间最干净的地方　D. 现在老人在桑拿室去世

【5】文中＿5＿处应该填写的词语是：（ ）

A. 欢迎　B. 迎来　C. 接到　D. 收获

6–7

如果你并不觉得海滩非去＿6＿，那冬天就是游览巴塞罗那的最佳季节。比起夏天的人山人海、春秋的倾盆大雨，冬天干燥舒适，有蔚蓝的天空和空旷的街道。这时你不仅能参与丰富的文化活动，还能看到一年中最棒的展览。即使到了一月，气温也很少跌破 5℃，所以相当暖和。

【6】文中＿6＿处应该填写的词语是：（ ）

A. 一定　B. 不可　C. 不是　D. 可能

【7】关于巴塞罗那，下面哪一项正确？（ ）

A. 春秋天气很干燥　B. 一月平均气温低于 5°C

C. 夏季有丰富多彩的文化活动　D. 冬季是游览巴塞罗那的最好时间

8–10

澳大利亚幅员＿9＿，是一个多姿多彩的地方。神秘迷人的旷野，阳光灿烂的海滩，雄伟壮观的高山，五彩缤纷的珊瑚，一望无际的草原，种类繁多的珍禽异兽，吸引了众多的游客。北半球的人们在白雪皑皑的冬季为了躲避冬季酷寒而习惯蜗居家中，而在地球另一端的澳大利亚，此时却烈日炎炎、热情似火。澳大利亚的传统饮食来源于英国，同时受到了地中海、亚洲、中东饮食的＿10＿，鱼和海鲜成为澳大利亚饮食的特色。如澳大利亚的蚝又肥又干净又实惠，有很多外国人专程到澳大利亚吃生蚝，还开玩笑说机票钱花得值。顾客可以看着服务员开盖，往蚝肉上挤鲜柠檬汁。佐酱生吃，美味无穷。

【8】从文中我们可以知道：（ ）

A. 澳大利亚位于北半球　B. 澳大利亚风景非常美丽

C. 澳大利亚人喜欢吃海鲜　D. 澳大利亚的冬季也非常炎热

【9】文中＿9＿处应该填写的词语是：（ ）

A. 广阔　B. 广大　C. 宽广　D. 辽阔

【10】文中＿10＿处应该填写的词语是：（ ）

A. 熏陶　B. 冲击　C. 影响　D. 感染

第18课

与人类息息相关的健康知识

阅读1

食物也有酸碱之分

早在20世纪20年代，营养学家就认识到膳食对人体酸碱平衡存在影响。肉类、蛋类、海鲜等富含蛋白质，大米、土豆、甜食等含有淀粉和糖；而蛋白质和糖被消化分解后生成酸性物质，因此这些食物都属于酸性食物。蔬菜和水果等植物性食物在体内分解后生成碱性物质，所以属于碱性食物。

营养学研究表明，如果日常摄入大量的酸性食物，酸性代谢物增多，确实会影响人体的酸碱平衡。但是，我们的身体不会因为某天多吃了一些肉就轻易变酸，因为体液的pH值会保持在恒定范围内。可肾脏为了将大量的酸性代谢物排出，会马不停蹄地连轴转，以合成更多碱性的氨来中和酸性代谢物，然后从尿液排出。因此长期地、大量地、单一地摄入酸性食物，会加重肾脏的负荷，并且随着年龄的增长，肾脏排泄酸性代谢物的能力也逐渐减弱，最终影响酸碱代谢平衡。

平时多吃碱性食物，也就是蔬菜和水果，对身体多有裨益。尤其是患有心血管疾病、糖尿病的老年人，更需要注意膳食搭配，因为血栓和糖尿病都有引起酸中毒的潜在危险。(410字)

选自果壳网，有改动

1. 膳食 （名） shànshí 指日常食用的饭菜。
2. 负荷 （名） fùhè 本文指承受的压力。
3. 血栓 （名） xuèshuān 在活体心血管内流动着的血液凝固或某些成分凝集形成的固体块。

练习

一、选择画线词语的恰当解释

1. 早在20世纪20年代，营养学家就认识到膳食对人体酸碱平衡存在影响。 （ ）

A. 早上　　B. 早期　　C. 早晚　　D. 时间靠前

2. 可肾脏为了将大量的酸性代谢物排出，会马不停蹄地连轴转，以合成更多碱性的氨来中和酸性代谢物，然后从尿液排出。（　　）

A. 可是　　B. 可以　　C. 因为　　D. 可能

3. 因此长期地、大量地、单一地摄入酸性食物，会加重肾脏的负荷。（　　）

A. 单调　　B. 专一　　C. 一个　　D. 唯一，没有其他

4. 因此长期地、大量地、单一地摄入酸性食物，会加重肾脏的负荷，并且随着年龄的增长，肾脏排泄酸性代谢物的能力也逐渐减弱，最终影响酸碱代谢平衡。（　　）

A. 终于　　B. 最后　　C. 结束　　D. 结果

二、根据课文内容选择正确答案

1. 蔬菜和水果等植物性食物为什么属于碱性食物？（　　）

A. 富含蛋白质　　B. 含有淀粉和糖

C. 含有碱性物质　　D. 在体内分解后生成碱性物质

2. 我们的身体不会因为某天多吃了一些肉就轻易变酸，是因为：（　　）

A. 酸性物质会随着尿液排出　　B. 食物在体内的分解过程比较缓慢

C. 体液的 pH 值会保持在恒定范围内　　D. 肾脏能将大量的碱性代谢物排出

3. 长期地、大量地、单一地摄入酸性食物，不会：（　　）

A. 加重肾脏的负荷　　B. 最终影响酸碱代谢平衡

C. 减弱肾脏排泄酸性代谢物的能力　　D. 使体液的 pH 值保持在恒定范围内

4. 患有心血管疾病、糖尿病的老年人为什么更需要注意膳食搭配？（　　）

A. 他们消化能力比较弱

B. 体液的 pH 值会保持在恒定范围内

C. 血栓和糖尿病都有引起酸中毒的潜在危险

D. 食物在他们体内分解后更容易生成酸性物质

三、根据课文内容回答问题

1. 哪些食物属于酸性食物，哪些食物属于碱性食物？

2. 为什么说膳食对人体酸碱平衡存在影响？

3. 如果长期地、大量地、单一地摄入酸性食物，是否会影响人体的酸碱代谢平衡？

4. 多吃碱性食物有什么好处？

四、自由谈

什么是膳食平衡？膳食平衡有哪些好处？请谈一谈。

阅读 2

盯上中青年的“过劳死”

CEO倒在跑步机上、年轻白领经常在办公室里加班发生猝死……近年来，关于中青年人“过劳死”的报道不断，而究其原因，工作压力大、精神紧张、连续加班、睡眠不佳都是可能的猝死杀手，心脏病是第一病因，最关键的则是人际关系引起的精神紧张。为此专家建议高危人群要改变生活方式，学会健身社交、放松情绪。

专家表示，“过劳死”的人往往平时没什么疾病或虽然身体不舒服但没去医院看病，他们在过度紧张劳累后突然死亡。对猝死的定义有两种观点，一种是指从发病到死亡仅1小时，一种是从发病到死亡在24小时内。

“过劳死”一般好发于40岁至55岁的中年人，这部分人在单位里承担较沉重的工作，但健康状况又比年轻时略有下降，因此成为“过劳死”的高危人群。这类人往往是脑力劳动者，而猝死的事故多发生在连续加班加点后。

在“过劳死”的直接死因中，心脏病变导致的急性死亡高达90%以上，其余的10%为脑血管疾病（脑出血为主）或急性坏死性胰腺炎。至于为什么过劳会死，目前还没有非常明确的定论。每个病人的情况都不同，有些人只是自己没感觉到病或有感觉但没去看病，实际上却已经患有隐匿性疾病。其中最常见的隐匿性疾病就是冠心病。（475字）

选自《新闻晚报》，有改动

1. 猝死（动） cùsǐ　世界卫生组织（WHO）关于猝死的定义为：“平素身体健康或貌似健康的患者，在出乎意料的短时间内，因自然疾病而突然死亡即为猝死。”
2. 胰腺（名） yíxiàn　人或高等动物体内的腺体之一，人的胰在胃的后下方。
3. 隐匿（动） yǐnnì　隐藏；躲起来。

练习

一、选择画线词语的恰当解释

1. 工作压力大、精神紧张、<u>连续</u>加班、睡眠不佳都是可能的猝死杀手。（　　）
   A. 继续　B. 持续　C. 陆续　D. 经常
2. 心脏病是第一病因，最<u>关键</u>的则是人际关系引起的精神紧张。（　　）
   A. 关注　B. 关口　C. 重要　D. 严重

3. 这部分人在单位里承担较<u>沉重</u>的工作，但健康状况又比年轻时略有下降，因此成为“过劳死”的高危人群。（　　）

A. 复杂　　B. 严重　　C. 重要　　D. 繁重

4. 这部分人在单位里承担较沉重的工作，但健康状况又比年轻时<u>略</u>有下降，因此成为“过劳死”的高危人群。（　　）

A. 很　　B. 可能　　C. 不如　　D. 略微

二、根据课文内容选择正确答案

1. 关于引发中青年人“过劳死”的原因，课文中没有提到：（　　）

A. 心脏病　　B. 高强度体育运动

C. 由人际关系引起的精神紧张　　D. 工作压力大、连续加班、睡眠不佳

2. “过劳死”主要发生在：（　　）

A. 进行锻炼时　　B. 心情激动时　　C. 精神焦虑时　　D. 过度紧张劳累后

3. “过劳死”一般好发于下面哪一类人身上？（　　）

A. CEO　　B. 年轻白领

C. 猝死杀手　　D. 40 岁至 55 岁的中年人

4. 关于“过劳死”的直接死因，下面哪项是正确的？（　　）

A. 脑血管疾病导致的死亡占 10%　　B. 急性坏死性胰腺炎导致的死亡占 5%

C. 心脏病变导致的急性死亡占 90% 以上　　D. 猝死者在猝死之前都感觉不到自己有病

三、根据课文内容回答问题

1. “过劳死”的原因有哪些？
2. “过劳死”的高危人群有哪些？
3. “过劳死”的直接死因有哪些？

四、自由谈

你认为有什么办法可以避免“过劳死”？请谈一谈。

阅读 3

危害人类的第一杀手——心血管疾病

心血管疾病从广义上讲是指由于高血压、高血脂、糖尿病、血液黏稠、动脉粥样硬化等所导致的心脏、大脑及全身组织发生的缺血性或出血性疾病。心血管疾病具有发病率高、致残率高、死亡率高、复发率高的“四高”特点，是全世界范围内危害人类健康和生命的“第一杀手”，在导致我国居民死亡的疾病中也居首位。

在医学典籍《黄帝内经》①中，有一种医疗理念叫作“上医治未病”。对于有心血管疾病的人来说，须从未发病时对多种疾病风险因素进行预防，其中有七大风险因素的人要特别留心自己的身体状况。这七大风险因素为：50岁以上或女性绝经期后；早发心血管疾病的家族病史；吸烟；肥胖；高血压；高血糖（糖尿病）；高血脂（血脂异常）。如果你有≥3项心血管风险因素，那么你可能属于潜在的心血管疾病患者，应积极做好预防的工作。

日常生活中的预防需从两方面进行：一方面是保持健康的生活方式，以达到控制危险因素的目的。首先要从饮食上控制高脂肪食物及大量甜食的摄入，避免肥胖、高血脂、高血压和糖尿病的发生；其次要戒烟，养成良好的生活习惯，保持良好的情绪以及适量的体育锻炼等。另一方面是药物干预。大多数慢性病患者都知道坚持每天服用一片阿司匹林能有效预防心脑血管疾病，但需要注意的是，并非所有心脑血管疾病的高危人群都适用，必须严格遵医嘱服用，切勿自行乱用。（544字）

选自《北京晚报》，有改动

1. 黏稠 （形）niánchóu 液体浓度高，有黏性，不易流动；在医学上指血小板多、血脂过高以及血细胞粘连达到七个以上的血细胞串的症状。
2. 硬化 （动）yìnghuà 指物体由软变硬的一种过程；因为发生病变使物体由软变硬。
3. 医嘱 （名）yīzhǔ 就是医生根据病情和治疗的需要对病人在饮食、用药、化验等方面的指示。

练习

一、选择画线词语的恰当解释

1. 对于有心血管疾病的人来说，须从未发病时对多种疾病风险因素进行预防。 （ ）

A. 最好 B. 必须 C. 必需 D. 需要

2. 其中有七大风险因素的人要特别留心自己的身体状况。 （ ）

A. 担心 B. 观察 C. 关注 D. 保护

3. 首先要从饮食上控制高脂肪食物及大量甜食的摄入。 （ ）

A. 摄影 B. 摄取 C. 进入 D. 吃入

4. 日常生活中的预防需从两方面进行：一方面是保持健康的生活方式，以达到控制危险因素的目的。……另一方面是药物干预。 （ ）

① 黄帝内经：又称《内经》，是我国最早的典籍之一，也是我国传统医学四大经典之首。相传为黄帝所作，因以为名。

A. 干涉　　B. 过问　　C. 干扰　　D. 施加影响

二、根据课文内容选择正确答案

1. 关于心血管疾病，以下说法错误的是：（　　）
   A. 是导致我国居民死亡的第一原因
   B. 是由低血压、高血脂、糖尿病等所导致的
   C. 发病率、致残率、死亡率、复发率都很高
   D. 是心脏、大脑及全身组织发生的缺血性或出血性疾病
2. 心血管疾病的特点不包括：（　　）
   A. 发病率高　　B. 致残率高　　C. 死亡率高　　D. 出血率高
3. 有七大风险因素的人要特别留心自己的身体状况。这七大风险因素不包括：（　　）
   A. 超过 50 岁　　B. 长期吸烟　　C. 长期失眠　　D. 过度肥胖
4. 预防心血管疾病的措施不包括：（　　）
   A. 戒烟　　B. 不吃肉　　C. 控制体重　　D. 控制甜食摄入量

三、根据课文内容回答问题

1. 哪种疾病被称为全世界范围内危害人类健康和生命的“第一杀手”？为什么？
2. 根据课文，请解释什么是“上医治未病”。
3. 心血管疾病的风险因素有哪些？
4. 心血管疾病的日常预防怎么做？

四、自由谈

请结合文章，具体说说在日常生活中怎样才能更好地预防心血管疾病的发生。

阅读 4

我们到底需要多少钙

每天，体内的钙会从汗液、尿液等途径排出，维持钙的平衡就需要补充钙。对于儿童，骨骼生长需要钙的沉积，需要的钙就比排出的要多。再考虑到人体对钙的吸收效率，欧美国家的推荐标准是青少年每天 1300 毫克，成年人每天 1000 毫克，老年人则是 1200 毫克，而婴幼儿、学龄前儿童根据年龄会低一些。不过 WHO/FAO 联合专家组认为，这个标准是基于欧美人群的，并不一定适用于其他地方。他们指出，钙的需求量受多种因素的影响，在骨折高发的人群中，应该每天摄入 400 ～ 500 毫克以上的钙来减轻骨质疏松，但是对于骨折发生率低的地方则没有推荐。相比于欧美，亚洲人的骨折发生率就比较低。

如果要直接回答“我们到底需要多少钙”的话，答案是——对于以植物性食物为主的中国人，还缺乏确切的科学数据。中国目前的钙推荐量跟欧美的推荐标准大同小异——简而言之，遵循这些推荐标准，就可以满足营养需求。

奶制品是钙的良好来源，含钙量高，吸收效率也高。儿童每天摄入400克牛奶或者酸奶、奶酪等奶制品，就可以满足一半以上的钙需求。石膏或者卤水做的豆腐、芝麻制品、一些绿叶蔬菜、某些软骨鱼类，也含有比较多的钙。不过，植物中的钙通常与植酸、草酸结合，吸收效率要比奶制品低许多。

除了食物中本来存在的钙，现在还有许多食品饮料中添加了钙。这些钙强化的食品也是饮食中钙的良好来源。只要稍微注意一下标签，就可以比较方便地估计出自己摄取了多少钙。

如果这两点都做不到，服用钙片也是一种可行的选择。钙对于人体基本上没有危害。血钙过高可能会产生一些严重后果，不过人体对钙的吸收具有很好的自我调节能力。如果血钙含量高了，那么吸收率就会下降，钙也就难以被吸收。换句话说，只要不把钙片当零食吃，正常食谱中的钙和补充的钙片一般对血钙没有什么影响。当然，过多的钙会影响铁、锌、锰、磷等成分的吸收。美国制定的每日最高摄入量是2500毫克，意思是只要不超过这个量，就认为不会产生副作用。（767字）

选自科学松鼠会，有改动

1. 沉积（动） chénjī 水流中所夹带的岩石、砂砾、泥土等在河床和海湾等低洼地带沉淀、淤积；物质在溶液中沉淀积聚起来。
2. 疏松（形、动）shūsōng 松散；使松散。
3. 石膏（名） shígāo 主要化学成分为硫酸钙（$CaSO_4$）的水合物，是一种用途广泛的工业材料和建筑材料。可用于水泥缓凝剂、石膏建筑制品、模型制作、医用食品添加剂、硫酸生产、纸张填料、油漆填料等。

练习

一、选择画线词语的恰当解释

1. 每天，体内的钙会从汗液、尿液等途径排出。（　　）

A. 渠道　B. 路途　C. 途经　D. 方向

2. 对于以植物性食物为主的中国人，还缺乏确切的科学数据。（　　）

A. 确实　B. 确定　C. 准确　D. 一切

3. 遵循这些推荐标准，就可以满足营养需求。（　　）

A. 循环　B. 尊重　C. 依照　D. 制定

4. 植物中的钙通常与植酸、草酸结合，吸收效率要比奶制品低许多。（　　）

A. 联系　B. 化合　C. 连接　D. 合并

5. 只要稍微注意一下标签，就可以比较方便地估计出自己摄取了多少钙。（　　）

A. 便利　B. 快速　C. 适宜　D. 合适

6. 人体对钙的吸收具有很好的自我调节能力。（　　）

A. 取得　B. 收到　C. 摄取　D. 吸入

二、根据课文内容判断正误

1. 人体内的钙每天会从汗液、尿液等途径排出以维持钙的平衡。（　　）
2. 易骨折的人应每天摄入 100 ～ 200 毫克以上的钙来减轻骨质疏松。（　　）
3. 钙片是钙的良好来源。（　　）
4. 关于“中国人到底需要多少钙”这一问题，科学家已经得出了确切的数据。（　　）
5. 血钙过高可能会产生一些严重后果，不过我们也不必因此而过分担心。（　　）

三、根据课文内容回答问题

1. 所有人对钙的需求量都是一样的吗？为什么？
2. “我们中国人到底需要多少钙”这一问题，有确切答案吗？
3. 人体补充钙有哪些方法？
4. 大量补钙有没有坏处？

MHK 三级演练

1–10 题，每段文字后有一个或几个问题，每个问题都有 ABCD 四个答案，请阅读后根据每题要求选择唯一正确的答案。

1

长期高血压可使动脉血管壁增厚或变硬，管腔变细，进而影响心脏和脑部供血。高血压可使心脏负荷加重，易发生左心室肥大，进一步导致高血压性心脏病、心力衰竭。

【1】句中画线词语拼音正确的一项是：（　　）

A. 心脏（xīnzāng）　B. 供血（gòng xiě）

C. 负荷（fùhé）　D. 衰竭（shuāijié）

2

水是宝贵的自然资源，是地球上一切生物赖以生存的物质之一。地球总水量约为 14.1 亿立方公里，但如此多的水中淡水只占 3%，其中的 87% 被封闭在冰川、大气、地层中。

【2】从这段话中我们可以得知：（ ）

A. 淡水总量的 87% 被封闭在冰川、大气、地层中

B. 地球总水量的 87% 被封闭在冰川、大气、地层中

C. 我国总水量的 87% 被封闭在冰川、大气、地层中

D. 生物赖以生存的物质的 87% 被封闭在冰川、大气、地层中

3–5

王琴在家里休息了两天，原以为可以用__3__的精力去对付期中考试了，可星期一上课的时候，她觉得胸闷气短，还有点儿要呕吐的感觉，只好马上请假去医院看病。

【3】文中__3__处应该填写的词语是：（ ）

A. 充满　B. 充沛　C. 充分　D. 充气

【4】根据这段话，可以知道王琴：（ ）

A. 是学生　B. 不想上课　C. 休息了很久　D. 期中考试没考好

【5】根据这段话，可以知道王琴星期一的时候：（ ）

A. 生病了　B. 没去上课　C. 心脏病犯了　D. 开始期中考试

6–7

我们俩加起来八十多岁，照说春天的故事聊出来，应是双份的。__6__我发觉，春日的种种美丽风景，像上苍赐给每个人的一块浇了蜂蜜的小糕点，没巴掌大，就算（7）一点点地舔，也有舔光的时候。甜食尤其不耐舔，嘴巴里尽是一阵余酸。我们吃光了自己的，酸味也品过了，现在连糕点的样子都不记得了。

【6】文中__6__处应该填写的词语是：（ ）

A. 可是　B. 由于　C. 于是　D. 所以

【7】根据文意，可以替换画线词语"就算"的词语是：（ ）

A. 即使　B. 既然　C. 立即　D. 可是

8–10

脂肪让人有饱的感觉，可以减轻饥饿感，而且脂肪不会__8__胰岛素分泌，而胰岛素是一种增胖荷尔蒙，所以进餐时脂肪应该排第二位。为什么最后才吃米饭、面包等主食呢？主要是为了__9__吃太多的主食，__10__会导致胰岛素浓度上升，影响减肥效果。

【8】文中__8__处应该填写的词语是：（ ）

A. 防止　B. 刺激　C. 消失　D. 吸收

【9】文中__9__处应该填写的词语是：（ ）

A. 防止　B. 引起　C. 促进　D. 增加

【10】文中__10__处应该填写的词语是：（ ）

A. 从而　B. 否则　C. 不论　D. 但是

第19课

有趣的科学发现

阅读1

猫也会做梦

法国生理学家波希尔·诺夫用猫做了一个很有趣的实验。他用手术的方法阻断了猫的大脑中一个叫作“脑桥”的部位。这样做的结果是，猫梦见了什么，就会按梦境去行动。这只猫经过手术之后，在熟睡中忽然抬起头来，四处张望，然后又起来绕着圈子走，好像在寻找食物。突然它举起前爪，双耳紧贴在脑袋上，对假想之敌猛扑过去。诺夫还把两只动过手术的猫关在一起进行观察，发现原来和睦相处的两只猫，睡着睡着突然打起架来。为了证明这些行为是在睡梦中做出的，诺夫故意在猫身旁撞击物品发出声响，甚至将老鼠放在它们身边。可是，两只猫对周围发生的一切都无动于衷，它们继续攻击对手。诺夫认为，这两只猫是在与梦中的敌手交锋。猫是会做梦的，可是每次做梦的时间不超过五分钟。(311字)

选自《现代快报》，有改动

1. 阻断 （动）zǔduàn 由于阻止而中断（某事的）进程或进展；妨碍正常运行。
2. 脑桥 （名）nǎoqiáo 脑干的中段，位于小脑下方延髓和中脑之间，前后缘有横沟为界，其腹侧面（基底部）显著凸出，可见由横行纤维构成的连接小脑左右两侧的桥样结构，因此得名。
3. 交锋 （动）jiāofēng 交战；较量；双方比赛。

练习

一、选择画线词语的恰当解释

1. 猫梦见了什么，就会按梦境去<u>行动</u>。 （　　）

A. 做　　B. 行为　　C. 行走　　D. 举动

2. 这只猫经过手术之后，在熟睡中忽然抬起头来，四处<u>张望</u>。（ ）

A. 环顾 B. 看望 C. 观看 D. 盯着

3. 诺夫还把两只动过手术的猫关在一起进行<u>观察</u>。（ ）

A. 观望 B. 观看 C. 观赏 D. 仔细察看

4. 诺夫<u>故意</u>在猫身旁撞击物品发出声响。（ ）

A. 缘故 B. 存心 C. 心意 D. 大意

5. 两只猫对周围发生的一切都<u>无动于衷</u>，它们继续攻击对手。（ ）

A. 不管不问 B. 积极踊跃 C. 漠不关心 D. 显而易见

二、根据课文内容判断正误

1. 法国生理学家波希尔·诺夫用药物阻断了猫的“脑桥”。（ ）
2. 诺夫把两只猫关在一起进行观察，发现原来吵吵打打的两只猫睡着后十分和谐。（ ）
3. 诺夫把老鼠放在猫的旁边，猫立即对老鼠发起攻击。（ ）
4. 猫也会做梦，不过每次做梦都比较短。（ ）

三、自由谈

你还知道哪些有趣的动物实验？请给大家介绍一下。

阅读 2

苍蝇何以如此难打

谈起打苍蝇，相信大家一定会有相同的感受，即苍蝇反应特别快，十分难打。一些人至今还在纳闷：小小臭苍蝇，为什么会反应如此神速？为了揭开其中的奥秘，研究人员专门对苍蝇展开了调查。

有关人员首先对一种拟寄生苍蝇进行了研究，他们发现这种苍蝇的听觉极其灵敏。随后他们进一步发现，原来这种苍蝇的胸口上竟然长了两只“耳朵”，而且两只“耳朵”的鼓室彼此紧挨着，中间间隔仅约 100 微米。当靠近声源的一只“耳朵”首先听到声音后，它会立刻把信息传递给神经系统。神经系统随即测定两耳之间的压力差，这一测算过程只需 50 纳秒（1 纳秒等于 10^{-9} 秒），然后它就会给肌肉发出信号，使其对声源做出逃避反应。这种结构使得苍蝇听觉器官辨别声音以及传递信息的速度比人耳快了好多倍。在这种情况下，人类的进攻行为通常早被苍蝇灵敏的听觉系统所识破。

此外，苍蝇的视觉系统也极其发达。苍蝇身上许多微小器官都与其眼睛直接相连，甚至它们的大脑也几乎全部都参与了处理视觉信息的活动。因为没有眼皮，所以苍蝇经常不停地用爪子擦拭眼睛，以便保持眼睛的清晰度。苍蝇眼睛的反应速度是人眼的 10 倍。正是苍蝇敏锐的视觉能力才促成了它们动作神速的特点。苍蝇眼睛获取视觉信息并及时做出反应，这一过程最快时只需三万分之一秒，这明显比人类反应快出许多倍。

与苍蝇灵敏的视觉相呼应的是，苍蝇在急速飞行的时候，它还能够根据具体情况随时改变飞行方向，从而躲避来自任何方向的突然袭击。而实际上，人类从盯准到挥手拍打苍蝇，这一神经传递过程远不如苍蝇快，难怪我们有时面对苍蝇，只能望而兴叹。

苍蝇很难被人打到，还有另一个原因，即它们具有“飞檐走壁”的特异功能。苍蝇可以在光滑且竖立的玻璃板上行走自如，它的附垫和玻璃板之间的附着力足以防止身体下滑或摔下来。苍蝇甚至还可以倒身依附在天花板上静止不动，让站在下面准备攻击它的人干瞪眼没办法。有人曾经拿其他飞虫与苍蝇做过比较，他们发现，即使其他飞虫的重量与苍蝇差不多，但由于体形不一样，这些飞虫的地面吸引力远远大于苍蝇，最后这些飞虫足下附垫的附着力无法与地面吸引力相抗衡，于是飞虫就容易掉下来。苍蝇正是由于自身特殊的体形，才可以轻巧地行走于房间的任何立面乃至天花板的平顶。这也是苍蝇为什么总是难被打到的原因之一。

苍蝇集多种绝技于一身，这使得当外界物体对它进行攻击时，它能够敏捷地躲开。当然，若是在苍蝇心不在焉，比如趁它扭头伸腿、梳理翅膀的时候下手，那结果肯定就不一样了。

总之，打苍蝇的确不是一件容易的事情。(1019 字)

选自《语文世界（高中版）》，有改动

1. 擦拭　（动）　cāshì　用手巾等摩擦使干净。
2. 飞檐走壁　fēiyán-zǒubì　形容练武的人身体轻捷，能在房檐和墙壁上行走如飞。
3. 心不在焉　xīnbúzàiyān　指做事不认真，思想不集中。

练习

一、选择画线词语的恰当解释

1. 谈起打苍蝇，相信大家一定会有相同的感受。　（　　）

A. 受到　　B. 理解　　C. 感想　　D. 体会

2. 这种结构使得苍蝇听觉器官辨别声音以及传递信息的速度比人耳快了好多倍。（　　）

A. 分辨　　B. 分别　　C. 区别　　D. 辩论

3. 苍蝇眼睛获取视觉信息并及时做出反应，这一过程最快时只需三万分之一秒。（　　）

A. 反映　　B. 应对　　C. 反对　　D. 反抗

4. 这些飞虫足下附垫的附着力无法与地面吸引力相抗衡。（　　）

A. 平衡　　B. 抗拒　　C. 对抗　　D. 衡量

5. 苍蝇集多种绝技于一身，这使得当外界物体对它进行攻击时，它能够敏捷地躲开。（　　）

A. 迅速　　B. 敏感　　C. 过敏　　D. 敏锐

二、连线组词组

A		B	
揭开	神速	突然	不动
传递	飞行	拍打	在焉
擦拭	奥秘	飞檐	走壁
动作	眼睛	静止	袭击
急速	信息	心不	苍蝇

三、根据课文内容回答问题

1. 苍蝇的反应为什么会如此神速？
2. 为什么人类的进攻行为通常早被苍蝇灵敏的听觉系统所识破？
3. 苍蝇的视觉系统有什么特点？
4. 苍蝇为什么有“飞檐走壁”的特异功能？

四、自由谈

你还知道哪些动物的“绝技”？请谈一谈。

阅读 3

神话变现实的“广寒宫”

嫦娥和玉兔在月亮上居住的宫殿叫作广寒宫，这是中国人非常熟悉的神话故事。如今神话变成现实——国防科工局和中国科学院 5 日联合发布消息称，经过为期三个月的公示，国际天文学联合会 1 月 4 日正式批准中国“嫦娥三号”着陆区四项“月球地理实体命名”，其中“嫦娥三号”探测器和“玉兔号”月球车仔细勘探过的一片区域被正式命名为“广寒宫”。

探月工程副总指挥、国防科工局探月与航天工程中心主任刘继忠介绍，“嫦娥三号”探测器于 2013 年 12 月 14 日实现了中国首次地外天体软着陆，随后它与“玉兔号”月球车在月球上开展的科学探测活动获得大量数据。为规范统一“嫦娥三号”着陆区地理实体的名称，促进科学研究和学术交流，中国向国际天文学联合会提出命名申请。其中，“广寒宫”是指“嫦娥三号”月球着陆点周边方圆 77 米的区域，包括“玉兔号”月球车巡视路线及其东侧重要地貌，用以标记中国月球探测器首次在月球上软着陆的位置。

刘继忠说，2007 年绕月探测工程成功后，利用获得的全月面影像数据，中国向国际天文学联合会提出了首次月球地理实体命名申请，蔡伦、毕昇和张钰哲三个撞击坑命名于 2010 年 11 月获得正式批准。至此，中国和其他国家申请并获得批准的以中国元素命名的月球地理实体达到 22 个。（493 字）

选自《环球时报》，有改动

1. 公示　（动）　gōngshì　公布，让公众了解并向公众征求意见。
2. 勘探　（动）　kāntàn　调查一个地区的矿藏。
3. 地貌　（名）　dìmào　地球表面各种形态的总称。按其自然形态可分为山地、丘陵、平原、盆地等。

练习

一、选择画线词语的恰当解释

1. “嫦娥三号”探测器和“玉兔号”月球车仔细勘探过的一片区域被正式命名为“广寒宫”。（　　）

A. 地区　　B. 范围　　C. 地方　　D. 范畴

2. 随后它与“玉兔号”月球车在月球上开展的科学探测活动获得大量数据。（　　）

A. 随时　　B. 随即　　C. 以后　　D. 后来

3. 为规范统一“嫦娥三号”着陆区地理实体的名称，促进科学研究和学术交流，中国向国际天文学联合会提出命名申请。（　　）

A. 典范　　B. 范例

C. 约定俗成或明文规定的标准　　D. 按照既定标准、规范的要求进行操作

二、根据课文内容判断正误

1. 中国人都很熟悉关于广寒宫的神话传说。（　　）

2. 国际天文学联合会1月4日正式批准中国“嫦娥三号”着陆区四项“月球地理实体命名”。（　　）

3. 2013年12月14日“嫦娥三号”探测器实现了中国第一次地外天体软着陆。（　　）

4. “广寒宫”是指“嫦娥三号”月球着陆点周边方圆77米的区域。（　　）

5. 我国申请并获得批准的以中国元素命名的月球地理实体已达22个。（　　）

三、根据课文内容回答问题

1. “广寒宫”是指什么区域？

2. 2007年绕月探测工程成功后，中国向国际天文学联合会提出了首次月球地理实体命名申请，哪3个撞击坑被命名并获得正式批准？

四、自由谈

你知道中国四大发明中的“印刷术”和“造纸术”是谁发明的吗？请谈一谈作为一个中国人如何看待我国古代优秀的文化。

阅读4

想成为“蜘蛛侠”吗？

对不起，“蜘蛛侠”迷们！根据英国科学家18日在新一期美国《国家科学院学报》上发表的最新研究报告，好莱坞大片中的这个超级英雄无法存在于人类的真实世界中。

这项研究比较了225种攀爬动物的黏性垫，包括昆虫、蛙、蜘蛛与壁虎等，结果显示，壁虎是自然界中能利用黏性垫飞檐走壁的最大体形动物。动物的体重越大，其黏性垫占体表总面积的比例就越大。也正是这一规律限制了那些利用黏性策略攀爬的动物的体形。

负责这项研究的英国剑桥大学的戴维·拉邦特解释说，随着动物体形的增大，其单位体积所对应的体表面积反而下降。比如，蚂蚁相对体表面积很大，但其个头儿却很小；蓝鲸个头儿很大，但其相对表面积却没多少。

这给大型攀爬物种带来了问题，因为它们又大又重，需要更大的黏性能力才能黏附在垂直或倒立的平面上，但它们的黏性脚垫在体表面积中所占比例却相对较小。

拉邦特在一份声明中说：“为了保持黏性脚垫的攀爬能力，一个进化解决方案就是为体形设限，而最大体形差不多就是壁虎的体形。”当然，大型动物还有其他的辅助攀爬策略，比如带钩的爪子。

如果真有人希望像蜘蛛侠那样攀爬，需要多大的黏性垫？研究人员也计算了一下，给出的答案是，占人类身体表面积的 40%。

参与研究的剑桥大学的沃尔特·费德勒说：“如果我们人类希望像壁虎那样在墙壁上行走自如，那么需要有一双大得不切实际的黏性大脚——我们要穿欧码 145 号的大鞋。”（565 字）

选自新华网，有改动

1. 蜘蛛侠	Zhīzhūxiá	是美国漫画中的超级英雄，原是一位普通的高中生，后来意外地被一只受过放射性感染的蜘蛛咬伤后，获得了蜘蛛一般的超能力，从此化身蜘蛛侠守卫纽约。
2. 不切实际	bú qiè shíjì	不符合实际。

练习

一、选择画线词语的恰当解释

1. 对不起，“蜘蛛侠”迷们！（ ）

A. 粉丝　B. 喜欢　C. 吸引　D. 迷茫

2. 正是这一规律限制了那些利用黏性策略攀爬的动物的体形。（ ）

A. 技术　B. 方针　C. 方法　D. 略微

3. 蓝鲸个头儿很大，但其相对表面积却没多少。（ ）

A. 没有　B. 很多　C. 有多少　D. 数量较小

4. 随着动物体形的增大，其单位体积所对应的体表面积反而下降。（ ）

A. 相反　B. 可是　C. 反对　D. 而且

5. 好莱坞大片中的这个超级英雄无法存在于人类的真实世界中。（ ）

A. 在　B. 生存　C. 消失　D. 保存

6. 它们又大又重，……但它们的黏性脚垫在体表面积中所占比例却相对较小。（ ）

A. 相像　B. 相应　C. 应该　D. 比较来说

7. 这给大型攀爬物种带来了问题，因为它们又大又重，……但它们的黏性脚垫在体表面积中所占比例却相对较小。（ ）

A. 疑问　B. 提问　C. 题目　D. 麻烦

8. 大型动物还有其他的辅助攀爬策略，比如带钩的爪子。（ ）

A. 帮助　B. 帮手　C. 辅导　D. 帮忙

二、根据课文内容判断正误

1. “蜘蛛侠”存在于人类的幻想世界中。 ( )
2. 壁虎是自然界中能利用黏性垫飞檐走壁的最大体形动物。 ( )
3. 蚂蚁个头儿很小，相对体表面积也不大。 ( )
4. 如果我们人类希望像壁虎那样在墙壁上行走自如，那么差不多需要穿欧码 145 号的大鞋。 ( )

三、自由谈

根据课文，“蜘蛛侠”为什么无法存在于人类的真实世界中？请谈一谈。

MHK 三级演练

1–10 题，每段文字后有一个或几个问题，每个问题都有 ABCD 四个答案，请阅读后根据每题要求选择唯一正确的答案。

1–3

从前有一个人，徘徊在一片椰树林旁。他虽然垂涎（2）椰子的甘甜汁液，整天想着要是什么时候能喝上该多好啊，但是当他仰望那些高高挂在树顶上的椰子时，却无可奈何。因为他既没有采摘椰子的工具，也没有胆量爬上树去。

就在他失望之际，忽然有一枚圆圆的椰子从树上掉下来，落在他脚边。他非常高兴：原来不用工具也可以得到椰子啊！

第二天，他一直在椰树林旁徘徊，直到黄昏，也没有捡到第二枚椰子。他又渴又乏，便躺在一棵椰树底下休息。当他进入梦乡的时候，第二枚椰子掉了下来，结果正砸在他的脑壳上。

【1】句中画线词语拼音正确的一项是： ( )

A. 徘徊（fēihuí） B. 仰望（yǎngwàng） C. 采摘（cǎidī） D. 休息（xiūqi）

【2】文中画线词语“垂涎”的意思可能是： ( )

A. 梦想 B. 赞叹 C. 吃惊 D. 很想吃

【3】这个故事告诉我们什么？ ( )

A. 有的人运气很好 B. 不劳动就没有收获

C. 不用费力也能捡到椰子 D. 想摘到椰子必须有胆量

4–5

因特网 __4__ 一个蜘蛛网，即使一部分网线中断，整个网络仍完好无损。网络的首次通信，即数据包交换，是 1969 年在南加州两个实验室的计算机之间进行的。因特网在民间真正得到广泛 __5__ 是在 1989 年。

【4】文中＿4＿处应该填写的词语是：　（　　）

A. 就像　B. 交织　C. 就是　D. 相比

【5】文中＿5＿处应该填写的词语是：　（　　）

A. 适用　B. 选用　C. 应用　D. 采用

6–7

在北极生活的植物，都各有自己的生存绝技。北极冬季温度极低的永久冻土层，对植物的生长是十分不利的。但植物们已形成了完全适应（7）这种自然环境的特殊生活方式。

【6】从这段话可知：　（　　）

A. 北极适合所有植物生存　B. 北极没有植物能够生存

C. 永久冻土层不利于植物生长　D. 永久冻土层生长着很多植物

【7】下面哪一项能表达文中画线词语“适应”的意思？　（　　）

A. 适合　B. 合适　C. 战胜　D. 习惯

8–10

门前的小河上有一座独木桥，我＿8＿不敢从上面走过。一天父亲带我来到桥边，让我走过去，我不敢。父亲便在地上画了两条直线，和独木桥一样宽，让我从这两条直线中间走过去，不准踩到线外面。这还不容易？我＿9＿地走了过去。父亲说：“其实独木桥也是这么宽，只不过下面是河水你便不敢过了，你看你在这么窄的路上走得不是很稳么？别看脚下，你就能走过去！”我照父亲说的，眼望前方，稳稳地走过了独木桥。

【8】文中＿8＿处应该填写的词语是：　（　　）

A. 一定　B. 一生　C. 一直　D. 一时

【9】文中＿9＿处应该填写的词语是：　（　　）

A. 果然　B. 从容　C. 紧张　D. 犹豫

【10】本文是想说明：　（　　）

A. 自己现在很勇敢　B. 孩子要听父亲的话

C. 科学的教育方法很重要　D. 要眼望前方，不能光看脚下

第20课

人体趣谈

阅读1

好好儿对待自己的胃

现代社会的快节奏使得人们很难抽出时间来照顾自己的身体，对于许多生活压力巨大、连基本的睡眠都难以保证的人们来说，“好好儿对待自己的胃”实在是太过奢侈。对许多人来说，吃多吃少和吃什么是一件随心所欲的事。“饮食结构合理”和“营养均衡”常常更像是和实际生活没几毛钱关系的耳旁风。汉堡包、薯条、肉，在许多国家和社会是人们每天款待自己的常规食物，富含纤维的食物却日渐在食谱中被边缘化。这些不良的生活和饮食习惯，最终可能会导致不可预料的后果。肠道菌群的变化可能导致一些代谢疾病，随着低纤维饮食时间的增加，这一症状可能益发加剧。

在饮食之外，还有许多因素对肠道菌群产生着影响。“愈发严重的抗生素滥用、愈见频繁的剖宫产，以及越来越多的非母乳喂养，这些都可能造成肠道微生物数量的减少。”艾丽卡·索恩伯格称，“在生态系统中，物种多样性降低基本上不是一件好事。我们没什么理由认为我们的肠道会是一个例外。”（389字）

选自果壳网，有改动

1. 边缘化　（动）　biānyuánhuà　向人或事物发展主流的反方向移动、变化。被主流所排斥，所不包容。
2. 抗生素　（名）　kàngshēngsù　一类用于抑制细菌生长或杀死细菌的药物。
3. 滥用　（动）　lànyòng　不加选择，没有节制地使用。

练习

一、选择画线词语的恰当解释

1. 现代社会的快节奏使得人们很难抽出时间来照顾自己的身体。（　　）

A. 挤　　B. 拿　　C. 调　　D. 切

2. 现代社会的快节奏使得人们很难抽出时间来照顾自己的身体。 ( )

A. 管理 B. 保护 C. 治疗 D. 关照

3. 对于连基本的睡眠都难以保证的人们来说，“好好儿对待自己的胃”实在是太过奢侈。 ( )

A. 困难 B. 花钱 C. 昂贵 D. 做不到

4. 对许多人来说，吃多吃少和吃什么是一件随心所欲的事。 ( )

A. 很向往 B. 很随意 C. 很喜欢 D. 很容易

5. “饮食结构合理”和“营养均衡”常常更像是和实际生活没几毛钱关系的耳旁风。( )

A. 有重要关系 B. 有直接关系 C. 没什么关系 D. 没几块钱关系

6. “饮食结构合理”和“营养均衡”常常更像是和实际生活没几毛钱关系的耳旁风。( )

A. 废话 B. 风气

C. 没用的话 D. 听了不放在心上的话

7. 汉堡包、薯条、肉，在许多国家和社会是人们每天款待自己的常规食物，富含纤维的食物却日渐在食谱中被边缘化。 ( )

A. 招待 B. 请客 C. 对待 D. 照顾

8. 肠道菌群的变化可能导致一些代谢疾病，随着低纤维饮食时间的增加，这一症状可能益发加剧。 ( )

A. 有益 B. 更加 C. 发展 D. 益处

二、根据课文内容判断正误

1. 由于现代社会的节奏太快，人们很难有时间关心自己的身体。 ( )
2. 吃多吃少和吃什么实在是太过奢侈。 ( )
3. 汉堡包、薯条、肉，在许多国家和社会是人们每天都吃的食物。 ( )
4. 物种多样性降低基本上不是一件好事。我们没什么理由认为我们的肠道会是这样。 ( )

三、自由谈

现在“好好儿对待自己的胃”这件事为什么会变得奢侈？请谈谈你的看法。

阅读2

海马区的功能

在人脑中，海马区是一个与学习记忆密切相关的大脑核团。作为成年大脑当中为数不多的能产生新神经元的脑区，海马能够不断地修改自己的神经回路，使得我们能够更好地应对这个千变万化的世界。

在处理记忆信息时，海马中有若干种不同的计算过程：其中一种被称为“模式分离”，它会用不同的神经活动编码相似的信息，让相似的信息变得更加不同，从而避免这些信息相互干扰；而与之相对的则是“模式补完”，相似而不同的信号会引起同样的神经反应。

有了“模式分离”的处理方式，记忆中已有的相似信息就不会那么容易地混淆在一起。例如，你今天和昨天分别把车停在了同一个位置，这两件事情十分相似，但你不会把它们记成同一件事。可以想见，如果没有它，大脑中已有的信息就很容易被新的信息覆盖，我们记忆当中那些相似的经历也将因此混作一团。

海马区的功能可以帮助动物适应环境，而反过来，环境也时刻影响着海马的功能。在此之前，研究人员已通过很多动物实验发现，如果在饲养笼里放上可供小鼠们自由跑动的管道和转轮，丰富的生活环境将带来多样化的感觉刺激，从而促进海马当中新神经和突触的生长，一些与之相关的学习和记忆能力也会因此得到改善。(484 字)

选自果壳网，有改动

1. 神经元 （名） shénjīngyuán 又称神经细胞，是构成神经系统结构和功能的基本单位。是具有长突触（轴突）的细胞，由细胞体和细胞突起构成。
2. 混淆 （动） hùnxiáo 混杂，界限模糊。
3. 突触 （名） tūchù 一个神经元的冲动传到另一个神经元或传到另一细胞间的相互接触的结构。

练习

一、选择画线词语的恰当解释

1. 作为成年大脑当中为数不多的能产生新神经元的脑区，海马能够不断地修改自己的神经回路。 （ ）

A. 修正 B. 订正 C. 改正 D. 删除

2. 在处理记忆信息时，海马中有若干种不同的计算过程。 （ ）

A. 几 B. 两 C. 如果 D. 主要

3. 有了“模式分离”的处理方式，记忆中已有的相似信息就不会那么容易地混淆在一起。 （ ）

A. 搅 B. 乱 C. 混合 D. 混杂

4. 可以想见，如果没有它，大脑中已有的信息就很容易被新的信息覆盖。 （ ）

A. 遮盖 B. 笼罩 C. 淹没 D. 盖上

二、根据课文内容选择正确答案

1. 海马能帮助人们适应千变万化的世界是因为：（　　）

A. 海马能产生新神经元　　B. 海马具有非常强大的记忆功能

C. 海马能够不断修改自己的神经回路　　D. 海马有不同的处理记忆信息的方式

2. 关于“模式补完”，下列说法正确的是：（　　）

A. 让不同的信息变得相同　　B. 能够让人们得到更加准确的信息

C. 用不同的神经活动编码相似的信息　　D. 让人们记忆中相似的信息相互混淆

3. “你今天和昨天分别把车停在了同一个位置，这两件事情十分相似，但你不会把它们记成同一件事。”根据本文，这是因为：（　　）

A. “模式补完”的处理方式

B. “模式分离”的处理方式

C. 相似而不同的信号会引起同样的神经反应

D. 海马区是一个与学习记忆密切相关的大脑核团

4. 海马区的功能可以帮助动物适应环境，但反过来：（　　）

A. 环境也时刻影响着海马的功能

B. 海马能够不断地修改自己的神经回路

C. 大脑中已有的信息就很容易被新的信息覆盖

D. 在处理记忆信息时，海马中有若干种不同的计算过程

三、根据课文内容判断正误

1. 在人脑中，海马区是一个与学习记忆间接相关的大脑核团。（　　）

2. 在处理记忆信息时，海马中有两种不同的计算过程。（　　）

3. “模式分离”与“模式补完”是相似的。（　　）

4. 如果在饲养笼里放上可供小鼠们跑动的管道和转轮，这种生活环境将带来多样化的感觉刺激。（　　）

四、自由谈

本文最后所谈的动物实验告诉了我们什么？请谈谈你对最后一个自然段的理解。

阅读 3

冷　水　浴

冷水浴通过低于体表温度的冷水对人体的刺激，可以增强机体的新陈代谢和免疫功能。俗话说：“要想身体好，每天冷水澡。”很多人洗过冷水澡之后都觉得

神清气爽，甚至一年四季坚持洗。据有关研究表明：进行冷水锻炼的人，其淋巴细胞数明显高于不锻炼者，坚持冷水锻炼的人很少患感冒。但尽管洗冷水澡的好处很多，还要讲究科学才行。

要想坚持洗冷水澡，必须从夏天开始，一直坚持下去，循序渐进。每次洗冷水澡前先做做“热身”运动，用手揉搓皮肤数分钟，感觉发红、发热为止；洗澡时，先往四肢部位“浇”水，数分钟后再冲胸、背部，让身体有个逐渐适应的过程。水温不要过低，以 5 ～ 25℃为宜，时间也不宜过久，10 ～ 15 分钟即可，最长别超过半小时。

洗冷水澡时，由于冷水的刺激，皮肤表皮迅速收缩，血液流向内脏；但两三分钟后，当身体适应了这种温度时，血液会重新分配，回流到表皮。整个过程就像给血管做“体操”一样，会增强血管弹性，预防动脉硬化。同时，用冷水洗澡，既能促进新陈代谢，还会使皮肤变得柔软、有弹性。此外，洗冷水澡还有助于增强消化功能，这对于大部分人来说，是有利于健康的。

冷水澡并非人人皆宜。婴幼儿及 60 岁以上的老人最好不要洗；高血压患者、心脏病患者洗冷水澡会加重心脏负担，诱发心绞痛、急性心肌梗死甚至猝死。特别需要注意的是，剧烈运动后不要洗冷水澡，因为这时体表的毛细血管扩张，如果突然遭遇冷水，会增加心脏负担，引发心慌、气短、头晕等不适。(592 字)

选自《农村百事通》，有改动

1. 免疫	（动）	miǎnyì	由于具有抵抗力而不患某种传染病。
2. 动脉硬化		dòngmài yìnghuà	指动脉管壁增厚，弹性减弱，管腔狭窄，甚至完全堵塞。多由高血压、血液中胆固醇含量增多等引起。
3. 遭遇	（动）	zāoyù	碰上，遇到。

练习

一、选择画线词语的恰当解释

1. 俗话说：“要想身体好，每天冷水澡。” （　　）

A. 俗语　B. 民俗　C. 风俗　D. 习惯

2. 尽管洗冷水澡的好处很多，还要讲究科学才行。 （　　）

A. 研究　B. 讲话　C. 注意　D. 究竟

3. 用手揉搓皮肤数分钟，感觉发红、发热为止。 （　　）

A. 制止　B. 为上　C. 停止　D. 为目的

4. 冷水澡并非人人皆宜。（　　）

A. 都　　B. 适　　C. 比　　D. 不

二、根据课文内容回答问题

1. 洗冷水澡有什么好处？
2. 为什么洗冷水澡前先要做“热身”运动？
3. 洗冷水澡对于心血管病人有什么好处？
4. 为什么说冷水澡并非人人皆宜？

三、自由谈

除了文中提到的，洗冷水澡还有哪些好处？有什么注意事项？你洗过冷水澡吗？请给大家说一说。

阅读 4

性格与血型

血型这东西似乎有点儿神秘。说它有点儿神秘，是因为人体本身就是一个未解之谜，人身上还有很多物质和现象没有被揭秘。关于血型，目前也只知道它是一种遗传物质，并按特定的遗传规律——孟德尔遗传规律传给后代。日本一些学者认为，血型决定着一个人的性格、气质和缘分，科学地运用血型知识，可以帮助我们妥善处理错综复杂的人际关系，处理协调好“斩不断，理还乱”的恋爱、婚姻等家庭问题，还可以指导我们选择职业，等等。

血型为什么能决定一个人的性格、气质呢？日本的学者经过多年研究，认为血型有其有形物质和无形气质两方面的作用。气质是无形成分，血型的气质表现，就是这类血型的人特定的思维方式、行为举止、谈吐风度等，是生物遗传的结果。比如 O 型血的人的性格特征是热情、坦诚、善良、讲义气，办事雷厉风行、踏实苦干、效率高；B 型血的人聪明，思路广，拓展力强，最怕受约束。血型与性格的关系，除了遗传因素决定其本质外，还受出生地、生长、学习、工作环境的影响，受着周围人和事的影响，所以性格才千差万别。

既然人的性格与血型有关，而血型又是生来就有、不易改变的，那么我们就要以此为出发点，去观察、分析、处理好与周围人的关系。也就是说，对待一个人，先要知道他的血型，了解他的性格特征，然后采取相应的方法。这叫了解人性，顺应人性。日本学者曾对共处一个集体的员工的分工搭配问题做过调查，认为根据血型科学地组合非常重要。比如，A 型血的人与 O 型血的人组合工作，不但相互间交流舒畅，而且能营造良好的气氛。工作效率提高了，心理压力减少了，有利于身心健康。又比如，A 型血的人与 A 型血的人组合就不十分恰当，容易挫伤对方，且不易弥合。（680 字）

选自《新闻晚报》，有改动

1. 雷厉风行		léilì-fēngxíng	形容执行政策法令等严格而迅速。
2. 舒畅	（形）	shūchàng	开朗愉快，舒服痛快。
3. 弥合	（动）	míhé	使愈合。

练习

一、选择画线词语的恰当解释

1. 说它有点儿神秘，是因为人体本身就是一个未解之谜，人身上还有很多物质和现象没有被揭秘。（　　）

A. 奇怪　　B. 秘密　　C. 神奇　　D. 秘书

2. 日本的学者经过多年研究，认为血型有其有形物质和无形气质两方面的作用。（　　）

A. 性情　　B. 气体　　C. 精神　　D. 品德

3. O 型血的人的性格特征是热情、坦诚、善良、讲义气，办事雷厉风行、踏实苦干、效率高。（　　）

A. 坦白　　B. 诚实　　C. 老实　　D. 诚恳

4. B 型血的人聪明，思路广，拓展力强，最怕受约束。（　　）

A. 约定　　B. 拘束　　C. 结束　　D. 约好

5. A 型血的人与 O 型血的人组合工作，不但相互间交流舒畅，而且能营造良好的气氛。（　　）

A. 创造　　B. 营养　　C. 建造　　D. 造成

6. A 型血的人与 A 型血的人组合就不十分恰当，容易挫伤对方，且不易弥合。（　　）

A. 伤害　　B. 挫败　　C. 挫折　　D. 受伤

二、连线组词组

A		B	
未解	复杂	行为	风行
遗传	知识	顺应	万别
血型	处理	雷厉	举止
错综	物质	踏实	苦干
妥善	之谜	千差	人性

三、根据课文内容回答问题

1. 为什么说血型和遗传有关？
2. 根据日本一些学者的观点，血型如何决定一个人的性格、气质？
3. 日本学者为什么认为根据血型科学地组合人们工作非常重要？
4. 举例说明不同血型的人在工作中如何组合比较好。

MHK 三级演练

1–10 题，每段文字后有一个或几个问题，每个问题都有 ABCD 四个答案，请阅读后根据每题要求选择唯一正确的答案。

1

3 月 9 日，广州越秀天安大厦 12 楼的一间办公室里聚集了一群雄心勃勃的年轻人，他们对贫困山区的教育进行了新的教学模式的探索和尝试。

【1】文中画线词语拼音正确的一项是：（　　）

A. 聚集（jùjí）　B. 探索（tànsǒ）　C. 模式（múshi）　D. 尝试（chángshǐ）

2–5

“望梅止渴（2）”是我国古代的一则成语故事，故事是这样的：

有一年夏天，曹操率领部队去攻打张绣。天气非常炎热，骄阳似火，天上一丝云彩也没有。部队在弯弯曲曲的山道上行走，两边密密的树木让人透不过气来。到了中午时分，士兵的衣服都湿透了，个个都渴得要命，行军的速度也慢了下来，有几个体弱的士兵竟晕倒在路边。

曹操眼看行军的速度越来越慢，担心误了战机，心里很是着急。可是，眼下几万人马连水都喝不上，又怎么能加快速度呢？他立刻叫来向导，悄悄问他：“这附近有没有水源？”向导摇摇头说：“泉水在山谷的那一边，要绕道过去还有很远的路程。”曹操想了一下说：“不行，时间来不及。”他看了看前边的树林，想了一会儿，对向导说：“你什么也别说，我来想办法。”他知道，此刻即使下命令要求部队加快速度也根本无济于事（4）。脑筋一转，办法来了。他一夹马肚子，快速赶到部队前面，用马鞭指着前方说：“士兵们，我知道前面有很大一片梅树林，那里的梅子很多，又甜又酸，我们快点儿赶路，绕过这个山丘就到梅林了！”士兵们一听，都流出口水了，仿佛梅子已经吃到了嘴里，精神大振，步伐不由得加快了许多。

【2】文中画线词语“望梅止渴”的意思是：（　　）

A. 盼望梅子可以止渴

B. 看见梅子就可以止渴

C. 远远看见了梅林就放弃了自己的渴望

D. 用想象的东西安慰自己或者安慰他人

【3】曹操说的“梅树林”在哪儿？ （ ）

A. 就在前面 B. 根本就没有 C. 在山谷的那一边 D. 在泉水的那一边

【4】“无济于事”在文中指： （ ）

A. 不能解渴 B. 不能帮助过河 C. 让人透不过气来 D. 行军速度不会加快

【5】下面的说法正确的是： （ ）

A. 曹操发现了梅林 B. 曹操欺骗了向导

C. 士兵们都吃到了梅子 D. 士兵们很快到了要去的地方

6–7

天气变化大、过度疲劳、精神紧张以及长期处于封闭环境都会造成免疫力__6__，给感冒病毒可乘之机。因此，对付感冒最有效、也最健康的方法是合理搭配日常饮食中的__7__，提高自身免疫力。

【6】文中__6__处应该填写的词语是： （ ）

A. 上升 B. 下降 C. 衰弱 D. 变化

【7】文中__7__处应该填写的词语是： （ ）

A. 脂肪 B. 营养 C. 蛋白质 D. 能量

8–10

同一个方言区里还有很多方言，相互之间也许根本听不懂。比如，闽方言又分为闽南话和闽北话，这两种方言差别很大，相互之间都听不懂。再比如，北京话和山东话都属于北方方言，但北京人有时也听不懂山东话。实际上在南方有些地方，邻近的两个村子之间说话就可能不一样，正所谓“十里不同音”。语言学家虽然把汉语的方言分为七个区，可实际上到底有多少方言谁也说不清。

【8】下列哪一项可以概括短文的内容？ （ ）

A. 十里不同音

B. 山东话不属于北方方言

C. 北京话和山东话都属于北方方言，但北京人有时也听不懂山东话

D. 汉语的方言分为七个区，同一个方言区里还有很多方言，相互之间差别很大

【9】“十里不同音”是什么意思？ （ ）

A. 十里后声音改变了 B. “十”和“里”发音不同

C. 十里太远，声音变小，听不清楚 D. 相隔不远地区的人们说话发音有差别

【10】根据短文，下面哪种说法是正确的？ （ ）

A. 北京话和山东话差别很大

B. 闽南人经常听不懂闽北人讲的话

C. 闽南话和闽北话属于同一个方言区，相互之间能听懂

D. 北京话和山东话都属于北方方言，北京人完全能听懂山东话

第21课

科学探索

阅读1

有趣的打印机

成都一台3D煎饼打印机在10分钟之内打印出了七八个手掌大的薄饼，小黄人、奥特曼、美猴王等造型各异的薄饼可以随意选择。其实，3D煎饼打印机的工作原理和打印机差不多，只不过是将墨水换成鸡蛋面粉，将纸张换成一个烤炉。

冉先生在自己的工作室里调试好了煎饼打印机，他在打印机的底部放入了一个SD卡，里面存放了各种各样的图像。打印机底部是一个烤盘，上方是一个可以横向、纵向移动的机械装置，装置托着料瓶……冉先生按下开关，机器料瓶就像画笔一样，在烤盘上面作画，不一会儿一个猴子的脸就在上面显现出来。记者在现场看到，打印一块薄饼的时间根据图像复杂程度而定，通常只需要一分半钟。

研发人员陈先生表示，下一步他们还会推出更加紧凑、小巧的家用型打印机，商用型的将升级到可以同时打印多个薄饼，满足市场需要。(334字)

选自中国新闻网，有改动

1. 3D打印机　　3D dǎyìnjī　　指利用快速成形技术，以数字模型文件为基础，运用粉末状金属或塑料等可黏合材料，通过逐层打印的方式来构造物体的机器。

2. 调试　（动）　tiáoshì　　试验并调整。

练习

一、选择画线词语的恰当解释

1. 小黄人、奥特曼、美猴王等造型各异的薄饼可以随意选择。（　　）

A. 任意　　B. 随着　　C. 意愿　　D. 方便

2. 3D煎饼打印机的工作原理和打印机差不多，只不过是将墨水换成鸡蛋面粉，将纸张换成一个烤炉。（　　）

A. 却　　B. 只是　　C. 但是　　D. 可是

3. 不一会儿一个猴子的脸就在上面显现出来。（　　）

A. 写　　B. 表现　　C. 显露　　D. 表示

4. 下一步他们还会推出更加紧凑、小巧的家用型打印机。（　　）

A. 紧张　　B. 严密

C. 凑合　　D. 没有多余的东西或空隙

5. 3D 煎饼打印机的工作原理和打印机差不多。（　　）

A. 相反　　B. 相似　　C. 不同　　D. 悬殊

6. 上方是一个可以横向、纵向移动的机械装置，装置托着料瓶。（　　）

A. 举　　B. 承载　　C. 连接　　D. 安装

7. 他在打印机的底部放入了一个 SD 卡，里面存放了各种各样的图像。（　　）

A. 画　　B. 安装　　C. 保存　　D. 存储

8. 记者在现场看到，打印一块薄饼的时间根据图像复杂程度而定。（　　）

A. 与　　B. 因为　　C. 依据　　D. 不论

二、根据课文内容判断正误

1. 成都一台 3D 煎饼打印机在 10 分钟之内打印出了七八个造型各异的薄饼，薄饼的造型是计算机随意选择的。（　　）

2. 3D 煎饼打印机和打印机有类似的地方。（　　）

3. 打印机底部是一个烤盘，上方是一个只能纵向移动的机械装置。（　　）

4. 研发人员说下一步他们还会推出商用型的打印机，更加紧凑、小巧。（　　）

三、自由谈

我们用 3D 打印机还能干什么？请谈谈你的想法。

阅读 2

神奇的隐身衣

近些年来，科研人员在视觉隐身领域取得不小进展，但其中的某些设计或者仅能隐藏极小的物体，或者在一定视觉角度范围内才能隐身，与实际应用之间有很大距离。

美国科学家最新研制出一种隐形衣，它能够使物体在可见光光谱范围内隐形。这项最新研究被发表在《科学》杂志上。

这种隐形衣就像一种皮肤，它不仅能够折叠，而且能够适应它所覆盖的物体的形状，可以用于包裹任何形状的微观物体。

人类之所以观察到物体最主要依赖的就是光线。通常当光线从物体上反弹开时，它们就会变得扭曲，这样就会帮助人们观察到物体的扭曲和角度。当这种隐形衣包裹物体时，它们能够通过操控某些波长的光线，处于一种可见光无法探测到的隐形状态，使物体隐形。

研究人员用这种隐形衣包裹了一个极小的3D物体进行了测试。美国能源部劳伦斯·伯克利国家实验室的研究人员称，这项测试是首次使一个具有凹陷的3D物体处于隐形状态。

研究人员声称，这种隐形衣能够按比例进行放大，而且并不困难，用这种材料既可做成紧身衣，也可做成宽松的T恤衫、大衣或斗篷。但这项技术离得到真正应用还需要5到10年时间。(451字)

选自《济宁晚报》，有改动

1. 隐身 （动） yǐnshēn 把身体隐藏起来。
2. 光谱 （名） guāngpǔ 复色光通过棱镜或光栅后，分解成的单色光按波长大小排列而成的光带。
3. 斗篷 （名） dǒupeng 披在肩上的没有袖子的外衣。

练习

一、选择画线词语的恰当解释

1. 近些年来，科研人员在视觉隐身领域取得不小进展。 （ ）
   A. 很小 B. 不大 C. 较大 D. 小小
2. 它不仅能够折叠，而且能够适应它所覆盖的物体的形状，可以用于包裹任何形状的微观物体。 （ ）
   A. 包装 B. 打包 C. 包围 D. 包容
3. 人类之所以观察到物体最主要依赖的就是光线。 （ ）
   A. 根据 B. 依靠 C. 依据 D. 依存
4. 通常当光线从物体上反弹开时，它们就会变得扭曲。 （ ）
   A. 弯曲 B. 卷曲 C. 扭动 D. 扭转变形

二、根据课文内容选择正确答案

1. 关于近些年来科研人员在视觉隐身领域取得的成果，下列说法正确的是： （ ）
   A. 仅能隐藏较大的物体 B. 与实际应用之间有很大距离
   C. 可以使任何形状的物体隐身 D. 在一般视觉角度范围内都能隐身

2. 用美国科学家研制出的这种隐形衣包裹物体时，它们能够：（　　）

A. 操控所有波长的光线　　B. 在一定视觉角度范围内隐身

C. 帮助人们观察到物体的扭曲和角度　　D. 处于一种可见光无法探测到的隐形状态

3. 美国研究人员用这种隐形衣包裹了什么物体进行测试？（　　）

A. 光线　　B. 一种皮肤

C. T 恤衫、大衣、斗篷　　D. 极小的具有凹陷的 3D 物体

4. 研究人员声称，这种隐形衣能够：（　　）

A. 做成紧身衣　　B. 使凹陷的物体隐身

C. 随意放大，而且并不困难　　D. 用于包裹任何形状的物体

三、根据课文内容回答问题

1. 近些年来，科研人员在视觉隐身领域取得了什么进展？
2. 美国科学家最新研制出一种隐形衣，它隐身的原理是什么？
3. 研究人员用这种隐身衣进行了怎样的测试？
4. 目前隐身衣技术有没有得到实际应用？

四、自由谈

如果你有隐身衣，你会用它来干什么？请谈谈你的想法。

阅读 3

到太空去种花

据英国《每日邮报》1 月 17 日报道，在国际空间站上驻留一年的美国宇航员斯科特·凯利日前宣布，他们已经成功种出太空中第一种开花植物。

这种植物名为百日菊，是一种可食用植物，可用于制作沙拉。百日菊被种在国际空间站的一个实验室中。此前，国际空间站宇航员种植过生菜和芝麻菜，但百日菊是他们在太空种植的首种开花植物。

该实验室项目经理特伦特·史密斯在解释成功种植开花植物的重大意义时说："百日菊与生菜完全不同，它对环境参数和光线需求更为敏感，生长周期也更长，需要 60 天到 80 天。"

就在任务最后取得成功前，百日菊试验还曾险些失败。史密斯及其团队发现百日菊的叶子渗水，花园里过度潮湿会导致叶子上生长霉菌，为此宇航员们利用

风扇吹干了它们。可是这导致多株植物出现脱水迹象，其中两株百日菊在新年当天死亡。幸好其他植物出现重新生长迹象，到 1 月 8 日时顺利开花。

这些花与地球上的非常相似，只是其花瓣边缘稍有卷曲，这可能是零重力所致。美国宇航局人类研究计划科学家亚历山德拉·惠特迈尔说："植物确实可以在隔绝、受限以及极端环境中长期生长，比如人造环境。"百日菊种植成功后，国际空间站将种植另一种生菜，并于 2018 年种植矮番茄。（489 字）

选自国际在线网，有改动

1. 驻留　（动）　zhùliú　停留。
2. 参数　（名）　cānshù　表明任何现象、设备或其工作过程中某一种重要性质的量。
3. 霉菌　（名）　méijūn　真菌，尤指毛霉目的真菌。
4. 脱水　（动）　tuōshuǐ　物质失去水分。指大量丧失水分和钠离子，引起细胞外液严重减少的现象。

练习

一、选择画线词语的恰当解释

1. 美国宇航员斯科特·凯利日前宣布，他们已经成功种出太空中第一种开花植物。（　　）
   A. 目前　B. 早晨　C. 上午　D. 前几天
2. 该实验室项目经理特伦特·史密斯在解释成功种植植物的重大意义时说：……（　　）
   A. 解决　B. 释放　C. 说明　D. 解说
3. 就在任务最后取得成功前，百日菊试验还曾险些失败。（　　）
   A. 危险　B. 紧急　C. 险境　D. 差点儿
4. 幸好其他植物出现重新生长迹象，到 1 月 8 日时顺利开花。（　　）
   A. 幸亏　B. 幸运　C. 运气　D. 幸福

二、根据课文内容选择正确答案

1. 美国宇航员斯科特·凯利日前宣布：（　　）
   A. 百日菊试验失败了
   B. 他们成功种出生菜和芝麻菜
   C. 他们成功种出太空中第一种植物
   D. 他们成功种出太空中第一种开花植物
2. 实验室项目经理特伦特·史密斯主要想告诉我们：（　　）
   A. 他们在太空中成功种出了植物
   B. 他们种出太空中第一种开花植物
   C. 他们在太空中成功种出生菜和百日菊
   D. 在太空中种植百日菊比种植生菜难度大
3. 宇航员们利用风扇吹干百日菊的叶子，是为了防止：（　　）

A. 叶子渗水　　B. 植物死亡　　C. 植物脱水　　D. 叶子长霉菌

4. 太空中开的花与地球上的相比：（　　）

A. 完全一样　　B. 截然不同　　C. 稍有区别　　D. 区别较大

三、根据课文内容回答问题

1. 宇航员已经在太空成功种植过哪些植物?
2. 在太空成功种植开花植物有什么重大意义?
3. 百日菊试验曾经遇到过什么意外？怎么解决的?
4. 宇航员还会继续在太空试验种植植物吗?

四、自由谈

宇航员在太空成功种植植物有可能会给人类带来哪些改变？请谈一谈。

阅读 4

未来大脑可以控制计算机啦

美国国防部高级研究项目局今日宣布，打算研制一种名为“神经工程系统设计（NESD)”的项目，未来人们或许可以使用大脑去控制计算机。他们准备在大脑内植入一个名为“神经界面”的可植入神经装置，实现人脑与电脑间前所未有的高效准确的信号和数据传输。

这种可植入神经装置大小相当于两枚5美分硬币摞在一起，它可以利用二进制代码实现人脑与电脑之间的实时通讯。

项目经理菲利普·阿尔韦尔达说：“目前最先进的人脑—电脑界面互动系统就像两台超级计算机试图通过一台老式300波特率的调制解调器进行相互通讯一样。如果改进和升级了我们的工具，你能想象真正打开人脑和现代电子设备之间通道之后的结果吗?”

现有在大脑内植入装置的技术只“打通”了人脑和电脑之间的100个通道，每个通道内集合了成千上万个信号，导致信息嘈杂不准确。“神经工程系统设计”项目的目标是开发一个能在大脑特定区域内与100万神经元中的任何一个实现清晰、单独交流的系统。它将大幅提高神经技术的研发能力并提供改善视觉或听觉缺陷的最新先进疗法。NESD能够以远远高于当今最先进的4K电视机的分辨率把数字听觉或视觉信息输送到人脑。

这种新技术的未来应用空间非常巨大。试想一下，未来也许我们不用拿着任何电子设备就能使用谷歌搜索、导航服务或通讯服务。除此之外，这种新技术可以准确填补士兵作战时的视觉和听觉空白，还可以帮助视觉和听觉功能缺失的患者。

不过，实现这项技术绝非易事，需要神经科学、合成生物学、低能量电子学、光子学、医疗装置制造、系统工程、临床试验等多学科、多领域的技术突破；除了在硬件领域的挑战之外，还需要先进的电子信号和神经信号解码技术，开发更强大的算法以及神经元计算技术，将高解析度的传感信息进行转码，随后以高保真的方式进行压缩及传送。（714 字）

选自新华网，有改动

1. 植入	（动）	zhírù	插入。
2. 缺陷	（名）	quēxiàn	指欠缺或不够完备的地方。
3. 神经科学		shénjīng kēxué	专门研究神经系统的结构、功能、发育、生理、药理及病理等方向的一门科学。

练习

一、选择画线词语的恰当解释

1. 美国国防部高级研究项目局今日宣布打算研制一种名为“神经工程系统设计（NESD）”的项目。（　　）

A. 计谋　B. 考虑　C. 计算　D. 算一算

2. 这种可植入神经装置大小相当于两枚 5 美分硬币摞在一起。（　　）

A. 叠放　B. 平放　C. 摆放　D. 累加

3. 如果改进和升级了我们的工具，你能想象真正打开人脑和现代电子设备之间通道之后的结果吗？（　　）

A. 改良　B. 发展　C. 进步　D. 改正

4. 每个通道内集合了成千上万个信号，导致信息嘈杂不准确。（　　）

A. 引导　B. 领导　C. 造成　D. 影响

5. “神经工程系统设计”项目的目标是开发一个能在大脑特定区域内与 100 万神经元中的任何一个实现清晰、单独交流的系统。（　　）

A. 建立　B. 开办　C. 发展　D. 开动

二、连线组词组

A		B	
数据	区域	填补	空白
实时	交流	先进	空间
电子	通讯	应用	服务
特定	传输	导航	突破
单独	设备	技术	疗法

三、根据课文内容判断正误

1. 美国国防部高级研究项目局宣布研制成功一种名为“神经工程系统设计”的项目。（　　）

2. 美国国防部高级研究项目局的科技人员打算利用名为“神经界面”的可植入神经装置实现人脑与电脑间前所未有的高效准确的信号和数据传输。（　　）

3. 现有在大脑内植入装置的技术已经“打通”了人脑和电脑之间的100万个通道。（　　）

4. 实现“神经工程系统设计”这项技术不是很容易的事情。（　　）

MHK 三级演练

1–10 题，每段文字后有一个或几个问题，每个问题都有 ABCD 四个答案，请阅读后根据每题要求选择唯一正确的答案。

1

听众朋友，本期节目的最后，主持人原杰代表本期节目的责任编辑张小燕、高岩感谢您的收听，同时也感谢广州电视台给予我们的技术支持，谢谢大家！

【1】句中画线词语拼音正确的一项是：（　　）

A. 责任（zélèn） B. 收听（shuōtīng） C. 给予（jǐyǔ） D. 技术（jìsù）

2–4

灯塔计划是国内一个面向乡村教育的公益性民间组织，宗旨是__2__于改善边远地区师资__3__薄弱的状况，开拓边远地区孩子们的思维，__4__先进知识，帮助他们理解生活，树立积极的人生观。

【2】文中__2__处应该填写的词语是：（　　）

A. 致力 B. 努力 C. 提高 D. 帮助

【3】文中__3__处应该填写的词语是：（　　）

A. 力气 B. 能力 C. 能量 D. 力量

【4】文中___4___处应该填写的词语是： ( )

A. 教学 B. 传授 C. 教育 D. 教书

5–7

因为课程的加深和高考的压力，高中生活显得十分紧张，然而同学们在激烈的竞争中却又互相关心，互相帮助，高中生活常常充满了温情。

期中考试成绩刚刚揭晓，天哪，估计我排到了三十几名。进入高中第一次考试成绩如此差劲，今后怎么办？这可是开天辟地头一回啊，我惊呆了。初中时我是老师的宠儿，现在怎经得起这样的打击？于是，我趴在桌子上默默地流泪。

也许我抖动的双肩掩饰不了内心的伤感，在我万分___5___的时候，一张小小的纸条递了过来，上面清晰地写着几行字：

"失败和成功并不重要，关键是自己是否拼搏过、奋斗过。

相信自己，失败乃成功之母！"

简单而又朴素的话语，给了我振作起来的信心和勇气。我抬起头来，发现我的桌旁围满了同学。一句句甜甜的安慰和鼓励，使我整个人整颗心都摆脱了失败的痛苦，振作起了精神。感谢你们——我的同桌，我的同学们，是你们给了我学习的动力，给了我继续前进的勇气和力量。

后来同学们经常帮我解决难题，我一向认为高中难交朋友，我现在和我的同学们却相处得很融洽：我们一起努力学习，一起漫步在校园的林荫道上，谈理想谈学习……校园里常常可以看到我们快乐的身影，听到我们欢乐的笑声，此时的我好像置身于快乐的大花园，而不是深夜在海上航行的孤舟。

【5】文中___5___处应该填写的词语是： ( )

A. 沮丧 B. 悲哀 C. 伤感 D. 悲痛

【6】作者为什么感到伤心难过？ ( )

A. 学习太紧张 B. 考试没考好 C. 高考压力大 D. 高中难交朋友

【7】下面最适合做本文标题的是： ( )

A. 高中生活纪事 B. 如何和同学相处

C. 同桌之间的友情 D. 紧张的高中生活

8–10

一个商人有一匹马和一头驴。有一天，驴驮着沉重的货物，觉得受不了，快要累死了，而走在它旁边的马只驮了一点儿货物，于是它对马说："帮我驮一点儿东西吧！对你来说，这不算什么；可对我来说，却可以减轻不少负担。"马很不高兴地回答："我为什么要帮你驮东西呢？我自己轻轻松松的难道不好吗？"不久，驴真的累死了。于是主人将驴背上的所有货物全部放在了马背上。没有了驴，只有马独自来驮运所有的货物了，马觉得非常累。当初没有帮助驴，现在马觉得很后悔。

自私的人没有看到一个基本的事实，那就是：我们共同生活在这个地球上，别人的好坏与我们密切相关。别人的不幸不能给我们带来快乐，相反，在帮助别人的时候，其实也是在帮助我们自己。爱护着自己，关心着别人，梦想的实现就不会离我们太远！

【8】关于马和驴的故事，文中没有提到的是：（　　）

A. 马后来后悔了　　B. 驴驮着沉重的货物

C. 驴死后，马就驮上了所有的货物　　D. 对于驴驮着沉重的货物，马很高兴

【9】文中的马和自私的人，都没有看到一个基本的事实：（　　）

A. 别人的好坏与我们密切相关　　B. 帮助我们自己就是帮助别人

C. 爱护自己是首先要考虑的事情　　D. 别人的不幸能给我们带来快乐

【10】与本文作者观点不同的是：（　　）

A. 马很自私　　B. 驴很自私

C. 人们应该互相关心爱护　　D. 别人的不幸不能给我们带来快乐

第22课

神奇的自然现象

阅读1

日全食

我国古人把日食现象叫作“天狗食日”。由于当时科学水平的局限，日食这种异象常被误认为不祥之兆。就古人理解，发生日食乃上天意志干预人间，警示君王，而“日不食、星不悖”才是“太平盛世”。每当日食现象发生时，古人就会敲门击鼓以祈求太阳尽快复圆。

之所以会发生日全食，是因为存在一种神奇的对称性。太阳的直径是月球的400倍，而它距地球的距离正好也是月球的400倍。如果太阳、月球、地球三者正好排成或接近一条直线，月球挡住了射到地球上来的太阳光，月球身后的黑影正好落到地球上，这时发生日食现象。在地球上月影里的人们开始看到阳光逐渐减弱，太阳被圆的黑影遮住，天色转暗，全部遮住时，太阳变成了黑色，只留下一个金色的光环，天空变成了靛青色。从天空中可以看到最亮的恒星和行星，几分钟后，从月球黑影边缘逐渐露出阳光，开始生光、复圆。(359字)

选自科学中国网，有改动

1. 悖　　bèi　　相反，违反。
2. 祈求（动）qíqiú　　恳求。

练习

一、选择画线词语的恰当解释

1. 由于当时科学水平的局限，日食这种异象常被误认为不祥之兆。（　　）

   A. 控制　　B. 限制　　C. 局部　　D. 不全面

2. 发生日食乃上天意志干预人间，警示君王。（　　）

   A. 就是　　B. 依然　　C. 可能　　D. 因为

3. 如果太阳、月球、地球三者正好排成或接近一条直线。 （ ）

A. 形成 B. 靠近 C. 近乎 D. 离得近

4. 几分钟后，从月球黑影边缘逐渐露出阳光。 （ ）

A. 里面 B. 一侧 C. 中心部分 D. 周边部分

二、根据课文内容判断正误

1. 古人认为发生日食是为了警示世人。 （ ）
2. 发生日食时，古人敲门击鼓表示太平盛世。 （ ）
3. 太阳距地球的距离是月球距地球距离的 400 倍。 （ ）
4. 如果太阳、月球、地球三者正好排成或接近一条直线，就会发生日食。 （ ）

三、根据课文内容回答问题

1. 我国古人怎样看待出现的日食？
2. 日食是怎么发生的？
3. 地球上任何地方的人都能看到发生的日食现象吗？

四、自由谈

你知道有关日食的知识吗？请给大家介绍一下。

阅读 2

天马望远镜初战告捷

“天马望远镜”是一台亚洲最大全向转动的口径为 65 米的射电望远镜，于 2012 年 10 月建成，如今已声名远播。所谓“射电望远镜”，其实是从“光学望远镜”引申过来的一个名词，可以接收来自太空当中的无线电信号。接收的信号源包括肉眼可以看见的星星，或者是外太空的人造卫星，这些天体会发射不同波长的无线电信号。

2013 年 12 月 2 日，嫦娥三号探测器由长征三号乙改进型运载火箭发射升空。就在举国欢庆的同时，上海天文台深空测控指挥中心的 50 多名工作人员一直都坚守在操作台旁，以确保“嫦娥”始终处于正轨。当天中午 11 时 6 分，“天马望远镜”率先开始捕捉嫦娥三号月球探测器。

在之后的三个月时间里，“天马望远镜”开始首次参与探月卫星精确测轨、定轨，与北京密云、云南昆明、新疆乌鲁木齐等 5 台望远镜合作，为数十万公里的“嫦娥落月”之旅指路。在嫦娥“三姑娘”飞天之路上，“天马望远镜”初战告捷，参加了嫦娥三号工程的测轨任务，实时监测了软着陆过程，并对嫦娥三号和玉兔在月面进行精密定位，出色完成了任务，备受赞誉。（428 字）

选自人民网，有改动

1. 光学望远镜		guāngxué wàngyuǎnjìng	是用于收集可见光的一种望远镜，可以使用人眼可见光形成恒星和星系的像，以便于观察。
2. 率先	（副）	shuàixiān	带头；首先。
3. 告捷	（动）	gàojié	报告胜利的消息。
4. 赞誉	（动）	zànyù	称赞。

练习

一、选择画线词语的恰当解释

1. 所谓“射电望远镜”，其实是从“光学望远镜”引申过来的一个名词，可以接收来自太空当中的无线电信号。（　　）

A. 称谓　B. 称呼　C. 叫作　D. 所说的

2. 天体会发射不同波长的无线电信号。（　　）

A. 发现　B. 发明　C. 射箭　D. 发出

3. 上海天文台深空测控指挥中心的 50 多名工作人员一直都坚守在操作台旁，以确保“嫦娥”始终处于正轨。（　　）

A. 确实　B. 保护　C. 保证　D. 确定

4. “天马望远镜”初战告捷，参加了嫦娥三号工程的测轨任务，实时监测了软着陆过程。（　　）

A. 监督测量　B. 监视检测　C. 监管测定　D. 监控测试

5. 所谓“射电望远镜”，其实是从“光学望远镜”引申过来的一个名词。（　　）

A. 真实　B. 确实　C. 其他　D. 实际上

6. 当天中午 11 时 6 分，“天马望远镜”率先开始捕捉嫦娥三号月球探测器。（　　）

A. 率领　B. 带头　C. 先锋　D. 先进

二、根据课文内容判断正误

1. “天马望远镜”是一台亚洲最大全向转动的长度为 65 米的射电望远镜，能看见许多星星。（　　）

2. 2013 年 12 月 2 日，“天马望远镜”由长征三号乙改进型运载火箭发射升空。（　　）

3. 2013 年 12 月 2 日 11 时 6 分，“天马望远镜”率先开始捕捉嫦娥三号月球探测器。（　　）

4. “天马望远镜”曾经与北京密云、云南昆明、新疆乌鲁木齐等 5 台望远镜合作，为数十万公里的“嫦娥落月”之旅导航。（　　）

三、自由谈

你还知道哪些航天知识？请谈一谈。

阅读3

火山闪电的身世之谜

要了解火山闪电，首先需要清楚闪电的孕育过程。简单地说，我们需要将大气中的颗粒起电，让它们带上正负不同的电荷并彼此分离。当正负两极电荷持续积累并拉开，达到某一极限，就能放电击穿中间的空气。在产生雷暴的积雨云，也就是雷暴云的内部，云朵在不同部分聚集着正电荷和负电荷，当它们积累到一定程度，便再也不顾大气的阻挠，孕育出一道道闪电。这样的闪电被称为“云中闪电”。

在闪电的形成过程中，水扮演着重要的角色。雷暴起源于温暖的上升气流。随着气流的上升，温度降低，水蒸气会开始凝结，同时释放出大量的热量，加速气流的上升。当温度降到冰点以下，云中的液态水变成冰晶和温度低于0℃时仍不冻结的过冷却水滴，经过摩擦碰撞，产生电荷。在强烈的上升气流中，小的带正电的颗粒升到顶端，大的带负电的颗粒降到底部。正负两极距离拉开，闪电也随之而来。

产生火山闪电，同样需要电荷的积累与释放。但是，火山喷出的烟流如何能带电？从气象学的角度来看，火山喷发出的巨大烟流，同雷暴云十分类似，只不过里面还混杂着火山灰等其他杂质，因此被称为“肮脏的雷暴云”。火山喷发时伴随的闪电，可以与雷暴云产生“云中闪电”的方式类比。在火山烟流中，火山灰、岩石碎片和冰晶通过摩擦碰撞，产生电荷，并在重力的作用下分开。不过，地质学家更喜欢从火山本身寻找答案。他们认为，火山烟流的电荷，可能是来源于岩石的破碎，火山灰颗粒的摩擦，或者是由岩浆与火山口的摩擦。（593字）

选自果壳网，有改动

1. 火山（名）huǒshān　在地壳之下有一个“液态区”，存在着高温、高压的岩浆。它一旦从地壳薄弱的地段冲出地表，就形成了火山。
2. 电荷（名）diànhè　指带正负电的基本粒子。其中，带正电的粒子叫正电荷（表示符号为“+”），带负电的粒子叫负电荷（表示符号为“−”）。

3. 冰点（名）bīngdiǎn　水凝固时的温度，也就是水和冰可以平衡共存的温度。在标准大气压下，冰点是 0°C。

练习

一、选择画线词语的恰当解释

1. 要了解火山闪电，首先需要清楚闪电的孕育过程。（　　）
   A. 产生　B. 怀孕　C. 发育　D. 生孩子
2. 我们需要将大气中的颗粒起电，让它们带上正负不同的电荷并彼此分离。（　　）
   A. 彼岸　B. 相互　C. 此处　D. 不断
3. 当它们积累到一定程度，便再也不顾大气的阻挠，孕育出一道道闪电。（　　）
   A. 阻力　B. 干扰　C. 阻拦　D. 屈服
4. 随着气流的上升，温度降低，水蒸气会开始凝结，同时释放出大量的热量。（　　）
   A. 结合　B. 凝聚　C. 凝视　D. 结果
5. 产生火山闪电，同样需要电荷的积累与释放。（　　）
   A. 放出　B. 逮捕　C. 解释　D. 解放

二、根据课文内容选择正确答案

1. 关于闪电的形成，下列说法错误的是：（　　）
   A. 产生于积雨云层　B. 水起着重要作用
   C. 正负电荷不断积累，然后释放　D. 正电荷在下部，负电荷在上部
2. 从气象学的角度来看，火山喷发出的巨大烟流：（　　）
   A. 不带电荷　B. 产生雷暴的积雨云
   C. 被称为“云中闪电”　D. 同雷暴云十分类似
3. 下列哪一项不是火山烟流中电荷可能的来源？（　　）
   A. 岩石的破碎　B. 冰晶的摩擦碰撞
   C. 火山灰颗粒的摩擦　D. 岩浆与火山口的摩擦

三、根据课文内容判断正误

1. 当正负两极电荷持续积累并拉开，达到某一极限，就不能放电击穿中间的空气了。（　　）
2. 云朵在不同部分聚集着正电荷和负电荷，当它们积累到一定程度，便孕育出云中闪电。（　　）
3. 雷暴起源于温暖的下降气流。（　　）
4. 当温度降到冰点以下，云中的液态水变成冰晶和过冷却水滴。（　　）

四、自由谈

你还见过什么样的天气现象？请谈一谈。

阅读4

地震真的可以预报吗？

1966—1976年间，我国华北、西南发生了多次7级以上地震。当时的地质学家和国家领导人相信地震是可以预报的，可以在几天甚至几个月之前就精确地报出震中、发震时间、震级这“三要素”，因此在全国开展了一场轰轰烈烈的全民预报地震活动。1975年2月4日的海城地震预报成功，给了人们很大的信心，但这信心很快就被1976年7月28日唐山地震未能预测的残酷事实泼了一盆凉水。

早在1960年智利大地震和1964年美国阿拉斯加大地震之后，美国学界就开展了地震短期预报工作。海城地震成功预报之后，美国、日本等发达国家受到鼓励，投入了更多经费，但是几乎全部失败。比如日本从上世纪80年代就一直在准备迎接传说中的“东海大地震”。但是“东海大地震”迟迟不来，日本的阪神和东北地区却先后在1995年和2011年发生了始料未及的大震。无论是几十年的实践，还是理论研究，都表明地震的短期预报在可预计的将来是不可能的。海城地震的“成功”预报，实际上也只是运气好而已。花费了大量经费的科研部门尚且不能对地震做出准确预报，那些只会观“地震云”、看“电磁”、玩儿数字、算卦的民间“半仙”们更不可能做出什么准确预报。

同样的道理，没有任何确切的证据就信誓旦旦预报某地一定不地震，也是不可信的。最典型的例子就是发生小震之后，某些人为了安抚情绪，斩钉截铁地说“短期内发生更大地震的可能性不大”。诚然，地震之后人们的情绪应该得到安抚，那也应该通过正确的方式安抚，而不是乱报“不地震”。尽管小震之后未必总有大震，但是根据美国地震学家对美国加州南部地震的总结，一地发生3级以上小震之后，120小时之内在原地周边10公里的范围内再发生更大地震的概率是6%。尽管这是一个很小的数值，但毕竟没有小到可以忽略不计。历史数据表明，中国历史上很多大震之前的确都有小型前震，比如汶川地震之前的几年内龙门山断裂带中段就发生了很多小震，其中仅2008年1月至5月12日上午就发生了30多次小震，当时却被辟谣说“短期内不会有更大地震”。类似这样乱报“不地震”的情况如果一再发生，必将造成很严重的后果。(831字)

选自科学松鼠会，有改动

1. 地震　（动）　dìzhèn　　地壳快速释放能量过程中造成振动，期间产生地震波的一种自然现象。

2. 斩钉截铁 zhǎndīng-jiétiě 形容说话或行动坚决果断，毫不犹豫。

3. 忽略不计 hūlüè-bújì 指很小、很轻微的，可以不必重视，不必计数。

练习

一、选择画线词语的恰当解释

1. ……在全国开展了一场轰轰烈烈的全民预报地震活动。 （ ）

A. 热烈 B. 声势浩大 C. 轰轰隆隆 D. 团结一致

2. 这信心很快就被 1976 年 7 月 28 日唐山地震未能预测的残酷事实泼了一盆凉水。 （ ）

A. 遭到失败 B. 感到丢脸 C. 证明错误 D. 打击热情

3. 但是“东海大地震”迟迟不来，日本的阪神和东北地区却先后在 1995 年和 2011 年发生了始料未及的大震。 （ ）

A. 想象得到 B. 没有达到 C. 意料之外 D. 始终发生

4. 同样的道理，没有任何确切的证据就信誓旦旦预报某地一定不地震，也是不可信的。 （ ）

A. 非常自信 B. 实事求是 C. 清楚明白 D. 誓言说得诚恳可信

5. 诚然，地震之后人们的情绪应该得到安抚，那也应该通过正确的方式安抚，而不是乱报“不地震”。 （ ）

A. 虽然 B. 固然 C. 但是 D. 诚实

二、连线组词组

A		B	
残酷	情绪	科研	截铁
地震	事实	斩钉	表明
迟迟	预报	数据	部门
准备	不来	忽略	发生
安抚	迎接	一再	不计

三、根据课文内容判断正误

1. 中国开展的全民预报地震活动是有效的。 （ ）

2. 海城地震成功预报之后，美国、日本等发达国家虽然投入了更多经费，但是几乎全部失败。 （ ）

3. 海城地震的“成功”预报充分证明了地震是可以预报的。 （ ）

4. 地震之后人们的情绪应该通过正确的方式安抚。 （ ）

MHK 三级演练

1–10 题，每段文字后有一个或几个问题，每个问题都有 ABCD 四个答案，请阅读后根据每题要求选择唯一正确的答案。

1

我有晕车的毛病，出差对我来说是一种折磨。每次一登上火车，我会先服一片晕车药，然后倒头就睡觉。可是火车一运行，我还是会像翻江倒海般难受，心里会涌出一股股想呕吐的感觉，真让人受不了。

【1】句中画线词语拼音正确的一项是：（　　）

A. 晕车（yùnchē）　B. 倒头（dàotóu）

C. 呕吐（ǒutǔ）　D. 受不了（shòubùle）

2–4

作为教师，我们更多的是__2__一个方向，告诉学生一些他们不知道的东西，一个新的、外面的世界以及城市里面的信息，我们__3__到的事物比在农村或者乡镇的小孩子要多很多，我们下去是要__4__这些东西的。

【2】文章__2__处应该填写的词语是：（　　）

A. 指示　B. 指导　C. 指明　D. 指向

【3】文中__3__处应该填写的词语是：（　　）

A. 见面　B. 接触　C. 交道　D. 会面

【4】文中__4__处应该填写的词语是：（　　）

A. 展示　B. 展开　C. 展出　D. 展览

5–7

我是个作家，丈夫在大学当老师。我们两人职业不同，性格也不同。丈夫常常皱着眉、叹着气对人说："唉，简直没办法，我和她完全是两种人。"

有一天我们商量着去逛逛商场，高高兴兴地穿戴整齐准备出门，我忽然想到，过几天要去参加一个会议，到那时顺路逛逛算了。于是我说："不去了吧。"他说："好的，我本来就不想去，是陪你的。"可是，当我坐下来，再一想，开完会一定傍晚了，下班后街上人多，还是今天去得了。于是，我又说："还是去吧。"他已经有点儿不高兴了，还是克制地说："那好吧。"走到门口，我看见天阴阴的，生怕下雨，又犹豫起来："算了算了，还是不去吧。"这一下他发怒了，朝我吼起来："你这人怎么主意老是变来变去？"我就委屈争辩："情况是在不断变化的，我的主意也就随着变化了嘛！"这样的事常常发生，日久天长丈夫就想出了对付我的办法，决定做什么事前，他抢先变来变去，弄得我忍不住发火。"你怎么变来变去？"喊出这句话后突然觉悟，他是在学我的样，于是两个人哈哈大笑。

【5】这篇短文没有提到的是：（　　）

A. "我"和丈夫的职业不同　　B. "我"和丈夫的性格不同

C. "我"和丈夫的关系不好　　D. "我"和丈夫完全是两种人

【6】根据本文第二段，哪个是"我"今天逛商场的理由？（　　）

A. 害怕下雨　　B. 丈夫发火了

C. 开完会一定晚了　　D. 过几天去参加一个会议

【7】本文末尾"两个人哈哈大笑"，说明了什么？（　　）

A. "我"改掉了毛病　　B. 丈夫和"我"相互原谅

C. 丈夫帮"我"改掉了毛病　　D. 丈夫和"我"有相同的毛病

8–10

一向以管教孩子严厉而著称的英国，最近决定利用法律来禁止使用工具等对儿童进行体罚。根据政府提出的这项法案，凡是使用工具击打儿童的体罚以及有使头、眼、耳等致伤可能的危险举动，即便是孩子的父母，也将被禁止，违者将被追究刑事责任。

然而，该法案只是禁止使用工具的提法招致一些市民团体的批评。他们认为，凡是体罚都会损害孩子的身心健康，应该全面禁止。英国早在 1860 年就制定法律，认为"体罚是合理的惩罚"。从此，体罚在英国开始合法化。直到 1998 年，设在法国斯特拉斯堡的欧洲人权法院以该法律侵犯人权为由，责令英国政府向一名受到体罚的儿童支付受害赔偿金，英国政府才决定对该法律进行修改。

不过，禁止体罚的法律在英国推行有一定的难度。至今尚有相当数量的父母对体罚孩子持肯定态度。据一项民意调查显示，约 85% 的人认为"对于不听话的孩子，父母拥有惩罚的权力"。英国校内的体罚早在几年前就被禁止，但至今仍有半数以上的学校要求恢复体罚。

【8】从短文中我们可以知道：（　　）

A. 现在英国禁止使用工具体罚孩子　　B. 大部分家长认为体罚孩子是残忍的

C. 英国已经没有被父母体罚的孩子了　　D. 英国是一个管教孩子宽容、自由的国家

【9】在英国，下面哪种行为将被追究刑事责任？（　　）

A. 孩子迟到罚站　　B. 大声训斥孩子

C. 用手拧孩子耳朵　　D. 罚孩子打扫教室

【10】文中没有提到下面哪一项内容？（　　）

A. 英国儿童遭受体罚的情况　　B. 禁止体罚法律难以推行的原因

C. 英国修改有关体罚法律的原因　　D. 英国人对修改有关体罚法律的反应

部分练习参考答案

第 1 课　大学不仅仅有学习

阅读 1　大学的寒假作业

一、1. A　2. D　3. D　4. B

二、1. B　2. D　3. A　4. D

阅读 2　大学学什么

一、1. A　2. D　3. D　4. D

二、1. ×　2. ×　3. √　4. ×

阅读 3　暑期实践的收获

一、1. D　2. D　3. A　4. B

二、1. ×　2. √　3. ×　4. √　5. ×

阅读 4　暑假抢座也“疯狂”

一、1. D　2. B　3. A　4. D　5. D　6. D

二、1. √　2. ×　3. ×　4. √

MHK 三级演练

1. A　2. D　3. B　4. C　5. D

6. A　7. B　8. B　9. D　10. C

第 2 课　大学里的新鲜事

阅读 1　多姿多彩的课余生活

一、1. D　2. C　3. B　4. D　5. D

二、1. D　2. D　3. B　4. B

阅读 2　大学出现“代理一族”

一、1. D　2. B　3. D　4. C

二、1. √　2. √　3. ×　4. √

阅读 3　大学恋爱新趋势

一、1. D　2. A　3. D　4. C

二、1. ×　2. ×　3. ×　4. √　5. √

阅读 4　天使在行动

一、1. C　2. B　3. B　4. C　5. A

二、1. √　2. ×　3. √　4. ×

MHK 三级演练

1. D　2. D　3. C　4. D　5. C

6. D　7. B　8. D　9. D　10. B

第 3 课　关注大学生心理问题

阅读 1　大学新生如何心理“断奶”

一、1. D　2. C　3. D　4. A　5. B

二、1. B　2. D　3. C

阅读 2　被忽略的人际交往

一、1. D　2. D　3. C　4. B

二、1. √　2. ×　3. √　4. ×

阅读 3　学校呼唤“生命教育”

一、1. C　2. D　3. C　4. A

二、1. √　2. √　3. ×　4. ×　5. √

阅读 4　“励志”的别样理解

一、1. A　2. D　3. D　4. B　5. D

二、1. × 2. × 3. × 4. √

MHK 三级演练

1. C 2. C 3. C 4. A 5. C
6. A 7. C 8. B 9. A 10. A

第 4 课 大学生就业问题

阅读 1 敢想敢干才能成功

一、1. B 2. D 3. B 4. C
二、1. B 2. D 3. A 4. B

阅读 2 大学生就业要适应社会发展新常态

一、1. C 2. A 3. B 4. C
二、1. √ 2. √ 3. √ 4. ×

阅读 3 拥抱当下还是忧虑未来

一、1. B 2. B 3. A 4. D
二、1. √ 2. × 3. √ 4. √ 5. √

阅读 4 “班级公司”值得推广吗

一、1. D 2. C 3. B 4. A
二、1. √ 2. √ 3. × 4. √

MHK 三级演练

1. B 2. D 3. C 4. C 5. D
6. D 7. B 8. C 9. B 10. D

第 5 课 各具特色的大学生活

阅读 1 累并享受着

一、1. C 2. A 3. B 4. C
二、1. C 2. A 3. C 4. D

阅读 2 大受欢迎的迎新新风格

一、1. B 2. C 3. B 4. A
二、1. × 2. √ 3. √ 4. √

阅读 3 外国留学生的中国生活

一、1. B 2. D 3. D 4. A
二、1. × 2. √ 3. √ 4. √ 5. ×

阅读 4 国外大学生活

一、1. B 2. C 3. C 4. B 5. D
二、1. × 2. √ 3. × 4. √

MHK 三级演练

1. B 2. B 3. C 4. B 5. C
6. B 7. C 8. C 9. A 10. A

第 6 课 人生启示

阅读 1 地球是一个宾馆

一、1. B 2. D 3. C 4. A
二、1. A 2. C 3. A 4. C

阅读 2 明天的落叶摇不下来

一、1. C 2. C 3. B 4. D
二、1. C 2. A 3. D 4. B

阅读 3 苏格拉底与学生的故事

一、1. D 2. D 3. C 4. B
二、1. × 2. √ 3. × 4. × 5. √

阅读 4 物竞天择 适者生存

一、1. B 2. B 3. D 4. C 5. D 6. B
二、1. × 2. × 3. × 4. √ 5. √

MHK 三级演练

1. B 2. B 3. B 4. D 5. D
6. D 7. B 8. A 9. C 10. B

第7课 与智者的对话

阅读1 师傅和徒弟

一、1. A 2. B 3. D 4. C

二、1. B 2. B 3. D 4. B

阅读2 一念之间

一、1. D 2. C 3. B 4. D

二、1. √ 2. × 3. √ 4. √ 5. ×

阅读3 怎样把水烧开

一、1. C 2. D 3. D 4. B

二、1. √ 2. × 3. × 4. √ 5. ×

阅读4 做事先做人

一、1. B 2. A 3. A 4. C 5. B 6. C

二、1. √ 2. √ 3. × 4. √ 5. √

MHK三级演练

1. D 2. B 3. C 4. B 5. A

6. D 7. A 8. C 9. D 10. D

第8课 成长需要历练

阅读1 蝴蝶的茧

一、1. B 2. D 3. A 4. A

二、1. A 2. A 3. D 4. D

阅读2 农夫和驴

一、1. A 2. C 3. B 4. A

二、1. √ 2. × 3. × 4. √

阅读3 敢于冒险

一、1. D 2. C 3. A 4. A

二、1. √ 2. × 3. √ 4. × 5. ×

阅读4 来自大自然的启示

一、1. B 2. D 3. D 4. A 5. D

二、1. × 2. √ 3. × 4. × 5. √

MHK三级演练

1. C 2. A 3. B 4. D 5. D

6. A 7. A 8. D 9. B 10. B

第9课 如何面对人生苦难

阅读1 痛苦与盐

一、1. D 2. B 3. C 4. C

二、1. A 2. A 3. D 4. D

阅读2 钉子

一、1. C 2. B 3. D 4. A

二、1. × 2. × 3. √ 4. √

阅读3 在磨难中成长的音乐巨人

一、1. A 2. C 3. A 4. D

二、1. √ 2. √ 3. × 4. × 5. ×

阅读4 一个单亲男孩儿的逆袭之路

一、1. D 2. D 3. C 4. B 5. D 6. D

二、1. × 2. √ 3. × 4. √ 5. √

MHK三级演练

1. B 2. C 3. B 4. D 5. C

6. A 7. B 8. C 9. B 10. A

第10课 体味人生百态

阅读1 疯子和呆子

一、1. C 2. D 3. B 4. A

二、1. C 2. D 3. B 4. D

阅读2 感恩生活

一、1. C 2. D 3. D 4. C

二、1. × 2. √ 3. √ 4. √

阅读3　白衬衫上的黑印子

一、1. B　2. D　3. D　4. A

二、1. ×　2. ×　3. √　4. √　5. √

阅读4　生命中的鹅卵石

一、1. B　2. D　3. A　4. B　5. A　6. D

二、1. √　2. ×　3. ×　4. √　5. √

MHK三级演练

1. C　2. D　3. C　4. D　5. D

6. A　7. B　8. A　9. B　10. C

第11课　特色建筑

阅读1　福建客家土楼

一、1. C　2. D　3. D　4. B

二、1. ×　2. √　3. √　4. √　5. √

阅读2　故宫角楼与蝈蝈笼

一、1. A　2. A　3. D　4. C　5. C

二、1. 闻所未闻　2. 限期　3. 把握

4. 精巧　5. 启发

阅读3　高台民居——喀什古城的精髓

一、1. D　2. C　3. A　4. B　5. D　6. D

二、1. B　2. B　3. B　4. C　5. D　6. A

阅读4　历史悠久的西安回民街

一、1. D　2. D　3. D　4. C

二、1. ×　2. √　3. ×　4. √　5. ×

MHK三级演练

1. D　2. C　3. B　4. B　5. B

6. B　7. C　8. A　9. C　10. B

第12课　传统节日与风俗

阅读1　民间情人节

一、1. ×　2. √　3. ×　4. √

二、A 提供机会　物色对象　小家碧玉

张灯结彩

B 大家闺秀　花枝招展　诗情画意

招摇过市

阅读2　醇香的蒙古族待客礼

一、1. ×　2. √　3. √　4. ×

二、1. 鲜明　2. 烙印　3. 格外　4. 慷慨

阅读3　端午节的起源

一、1. C　2. D　3. D　4. A　5. D

二、1. B　2. C　3. B　4. A

阅读4　泼水节为何要泼水

一、1. B　2. B　3. D　4. D

二、1. 迄今　2. 祈求　3. 小心翼翼

4. 致命　5. 盛大

MHK三级演练

1. A　2. A　3. D　4. C　5. D

6. C　7. D　8. C　9. D　10. B

第13课　异彩纷呈的民族精粹

阅读1　你方唱罢我登场

一、1. C　2. B　3. C　4. A

二、1. ×　2. √　3. √　4. ×

阅读2　走向全国的民族医药

一、1. A　2. B　3. B　4. D

二、1. D　2. D　3. C　4. B

阅读 3　不能简单量化的中国武术

一、1. B　2. A　3. A　4. C

二、1. C　2. A　3. D　4. B

阅读 4　人民生活的镜子——民歌

一、1. D　2. B　3. B　4. C

二、1. ×　2. √　3. √　4. √

MHK 三级演练

1. D　2. C　3. B　4. D　5. A

6. C　7. B　8. C　9. D　10. A

第 14 课　生活百态

阅读 1　美丽的葡萄沟

一、1. B　2. A　3. A　4. B

二、1. D　2. B　3. D　4. C

阅读 2　我国茶文化的形成与兴盛

一、1. A　2. C　3. D　4. B

二、1. B　2. C　3. B　4. B

三、A 馈赠亲友　皇亲显贵　黎民百姓
奠定基础
B 蔚然成风　形成体系　文人雅士
饮茶风尚

阅读 3　有名的于阗乐舞

一、1. C　2. D　3. B　4. A

二、1. √　2. ×　3. ×　4. ×

阅读 4　月饼——中秋节的“法定”食品

一、1. B　2. C　3. D　4. A

二、1. √　2. ×　3. √　4. √

MHK 三级演练

1. C　2. C　3. A　4. B　5. D

6. D　7. B　8. A　9. A　10. D

第 15 课　最炫民族风

阅读 1　酥油茶

一、1. C　2. B　3. D

二、1. D　2. B　3. C　4. D

阅读 2　那达慕盛会

一、1. D　2. C　3. B　4. C

二、1. √　2. ×　3. ×　4. √　5. ×

阅读 3　人与火的情结

一、1. D　2. C　3. C　4. A

二、1. ×　2. √　3. ×　4. ×　5. ×

阅读 4　原生态的独木龙舟节

一、1. C　2. A　3. C　4. A　5. D

二、1. √　2. ×　3. ×　4. ×　5. √

MHK 三级演练

1. B　2. C　3. A　4. B　5. A

6. C　7. D　8. D　9. C　10. A

第 16 课　多姿多彩的民族文化艺术

阅读 1　满族的剪纸艺术

一、1. D　2. D　3. D

二、1. A　2. D　3. A

阅读 2　锡伯族的弓箭文化

一、1. C　2. A　3. B　4. D　5. B

二、1. ×　2. ×　3. ×　4. √　5. ×

阅读 3　塔吉克人和鹰舞

一、1. C　2. D　3. A　4. A　5. B

二、1. √　2. ×　3. √　4. ×　5. ×

阅读 4　新疆最美的颜色——艾迪莱斯

一、1. D　2. D　3. A　4. C

二、1. × 2. × 3. √ 4. × 5. √

MHK 三级演练

1. C 2. A 3. B 4. C 5. A
6. C 7. C 8. D 9. D 10. B

第 17 课 异域风情

阅读 1 独具魅力的苏格兰

一、1. A 2. C 3. D 4. D
二、1. √ 2. √ 3. √ 4. ×

阅读 2 古老的印第安文化博物馆

一、1. B 2. A 3. B 4. C
二、1. C 2. D 3. D 4. A

阅读 3 解密德国人

一、1. C 2. A 3. C 4. A
二、1. × 2. × 3. √ 4. ×

阅读 4 韩国的饮食文化——泡菜

一、1. C 2. C 3. B 4. D 5. A
二、1. 推行 2. 推广 3. 珍贵
4. 珍惜 5. 钟爱 6. 喜爱

MHK 三级演练

1. A 2. B 3. D 4. C 5. B
6. B 7. D 8. B 9. D 10. C

第 18 课 与人类息息相关的健康知识

阅读 1 食物也有酸碱之分

一、1. D 2. A 3. D 4. B
二、1. D 2. C 3. D 4. C

阅读 2 盯上中青年的“过劳死”

一、1. B 2. C 3. D 4. D
二、1. B 2. D 3. D 4. C

阅读 3 危害人类的第一杀手——心血管疾病

一、1. B 2. C 3. B 4. D
二、1. B 2. D 3. C 4. B

阅读 4 我们到底需要多少钙

一、1. A 2. C 3. C 4. B 5. A 6. C
二、1. × 2. × 3. × 4. × 5. √

MHK 三级演练

1. D 2. A 3. B 4. A 5. A
6. A 7. A 8. B 9. A 10. B

第 19 课 有趣的科学发现

阅读 1 猫也会做梦

一、1. A 2. A 3. D 4. B 5. C
二、1. × 2. × 3. × 4. √

阅读 2 苍蝇何以如此难打

一、1. D 2. A 3. B 4. C 5. A
二、A 揭开奥秘 传递信息 擦拭眼睛
动作神速 极速飞行
B 突然袭击 拍打苍蝇 飞檐走壁
静止不动 心不在焉

阅读 3 神话变现实的“广寒宫”

一、1. A 2. B 3. D
二、1. √ 2. √ 3. √ 4. √ 5. ×

阅读 4 想成为“蜘蛛侠”吗?

一、1. A 2. C 3. D 4. A
5. B 6. D 7. D 8. A
二、1. √ 2. √ 3. × 4. √

MHK 三级演练

1. B　2. D　3. B　4. A　5. C
6. C　7. A　8. C　9. B　10. D

第 20 课　人体趣谈

阅读 1　好好儿对待自己的胃

一、1. A　2. D　3. A　4. B
5. C　6. D　7. A　8. B
二、1. √　2. ×　3. √　4. ×

阅读 2　海马区的功能

一、1. A　2. A　3. D　4. A
二、1. C　2. D　3. B　4. A
三、1. ×　2. ×　3. ×　4. √

阅读 3　冷水浴

一、1. A　2. C　3. C　4. A

阅读 4　性格与血型

一、1. C　2. A　3. D　4. B　5. A　6. A
二、A 未解之谜　遗传物质　血型知识
错综复杂　妥善处理
B 行为举止　顺应人性　雷厉风行
踏实苦干　千差万别

MHK 三级演练

1. A　2. D　3. B　4. D　5. D
6. B　7. B　8. D　9. D　10. B

第 21 课　科学探索

阅读 1　有趣的打印机

一、1. A　2. B　3. C　4. D
5. B　6. B　7. D　8. C
二、1. ×　2. √　3. ×　4. ×

阅读 2　神奇的隐身衣

一、1. C　2. A　3. B　4. D
二、1. B　2. D　3. D　4. A

阅读 3　到太空去种花

一、1. D　2. C　3. D　4. A
二、1. D　2. D　3. D　4. C

阅读 4　未来大脑可以控制计算机啦

一、1. B　2. A　3. A　4. C　5. A
二、A 数据传输　实时通讯　电子设备
特定区域　单独交流
B 填补空白　先进疗法　应用空间
导航服务　技术突破
三、1. ×　2. √　3. ×　4. √

MHK 三级演练

1. C　2. A　3. D　4. B　5. A
6. B　7. A　8. D　9. A　10. B

第 22 课　神奇的自然现象

阅读 1　日全食

一、1. B　2. A　3. C　4. D
二、1. ×　2. ×　3. √　4. ×

阅读 2　天马望远镜初战告捷

一、1. D　2. D　3. C　4. B　5. D　6. B
二、1. ×　2. ×　3. √　4. √

阅读 3　火山闪电的身世之谜

一、1. A　2. B　3. C　4. B　5. A
二、1. D　2. D　3. B
三、1. ×　2. √　3. ×　4. √

阅读 4　地震真的可以预报吗?

一、1. B　2. D　3. C　4. D　5. B